MIT SACK UND PACK
NACH NEUSEELAND

Wellington, 22. Mai 2008

Liebe Mia,

jetzt sind die schönen Tage
mit Dir und Lea schon wieder
vorbei. Es war echt eine tolle Zeit
mit Euch! Werd mich immer gern
an das Reiten auf der River Valley
Lodge & die Bungy-Kugel erinnern!
Was auch immer als nächstes kommen
mag, Studium, Umzug nach Berlin? -
Ich bin mir sicher, dass Du Deinen
Weg machen wirst! Komm uns mal
wieder in Neuseeland besuchen!
"... egal was auch geschieht,
ich werd Dich nie vergessen,
dies ist mein Abschiedslied"
                    -DIE ÄRZTE-

Ich drück Dich ganz fest
                    Deine Tanja

Ethnologie & globales Leben
Wissenschaftliche Reihe des Mana-Verlages
Herausgegeben von Prof. Dr. Brigitte Bönisch-Brednich

Tanja Schubert-McArthur

Mit Sack und Pack nach Neuseeland

Zum Gepäck deutscher Auswanderer heute

MANA

Umschlag : tomcom-potsdam.de
Cover-Foto: Anja Schönborn
Layout: Chronik-Press im MANA-Verlag
Druck und Bindung: Interpress

Bibliografische Informationen der Deutschen Bibliothek:
Die deutsche Bibliothek verzeichnet diese Publikation in der Deutschen Nationalbib-
ligrafie; detaillierte bibliografische Daten sind im Internet über
http://dnb.ddb.de abrufbar
ISBN 978-3934031-13-5

Das vorliegende Manuskript wurde als Magisterarbeit im Fach Empirische
Kulturwissenschaft der Fakultät für Sozial- und Verhaltenswissenschaften
an der Eberhard-Karls-Universität Tübingen angenommen.

Für
Lottelore Mack und Inge Borg

Inhalt

Vorwort der Herausgeberin

Themen zu Migration und das Leben in einer globalisierten Welt finden seit einigen Jahren bei Forschern und Lesern gleichermaßen lebhaftes Interesse. Viele Menschen planen einen Umzug in ein anderes Land, viele träumen davon und noch viel mehr wollen über diese Themen lesen, auch wenn sie nur eine längere Urlaubsreise unternehmen. Australien und Neuseeland finden neuerdings besonders Interesse, denn diese Staaten am anderen Ende der Welt gelten als exotisch, als landschaftlich überaus reizvoll, als gute Auswanderungsziele und werden deshalb oft in die Träume vom Auswandern einbezogen.

Nicht zuletzt aufgrund der touristischen Entwicklung und des lebhaften Interesses an den Regionen im Südpazifik haben sich auch immer mehr Forscher/innen diesem Thema zugewandt. Ethnologen, Volkskundler, Geografen und Soziologen folgen den Migranten und begleiten sie in ihren Erfahrungen. Diesen Erfahrungen nachzuspüren ist eines der Hauptanliegen moderner Migrationsforschung. Sie interessiert sich dafür, wie Menschen in einer globalisierten Welt leben, welche Geschichten sie über diese erzählen und welche Orte für neue Stationen in ihrem Leben signifikant sind.

Die vom MANA-Verlag und der Herausgeberin neu ins Leben gerufene Schriftenreihe möchte diesen Fragen nachgehen. Die vorliegende Untersuchung über das Gepäck von Auswanderern von Tanja Schubert-McArthur stellt einen sehr schönen Start zu dieser Reihe dar. In einer kleinen, aber feinen Interviewstudie hat sie zeitgenössische Neuseelandauswanderer vor dem Aufbruch beziehungsweise nach dem Ankommen besucht und sie nach ihren Plänen, Erfahrungen und Erinnerungen gefragt. Das Ergebnis ist eine detaillierte Studie darüber, wie Auswanderer ihr Gepäck organisieren, was mitgenommen und „daheim" gelassen wird. Besonders interessant ist dabei nicht nur die materielle Seite der Auswanderung, sondern auch - wie beim Lesen immer deutlicher wird -, wie sehr das Packen, das Verschenken, das Verwahren und schließlich auch das Leben und Einrichten im neuen Land vom rechtlichen Status der Auswanderer abhängen. Gesetze, Bestimmungen, die oft leicht illegale Lebensweise und damit die Schwierigkeiten mit der Aufenthaltsgenehmigung bestimmen zu einem nicht geringen Teil darüber, wie die feste Habe reist oder wieviel man in Deutschland lässt und wie viel man nach Neuseeland mitnimmt.

Potentielle Migranten finden hier manchen wertvollen Hinweis auf den Nutzen oder Unnutzen von bestimmten Gepäckstücken, wie z.B. der geliebten deutschen Waschmaschine. Für Migrationsforscher wird hier der erste ernsthafte Versuch unternommen, eine Forschungslücke zu füllen. Das Gepäck von Migranten ist bis jetzt bestenfalls nur am Rande behandelt, häufiger jedoch achtlos beiseite gelassen worden. Die bewegliche Habe von Menschen spielt jedoch im Migrationsprozess eine so große Rolle, dass die Studie von Tanja Schubert-McArthur viele Inspirationen zum Nachfragen bietet und hoffentlich größere einschlägige Forschungsprojekte anregen wird.

Verlag und Herausgeberin hoffen darüber hinaus, dass diese neue Schriftenreihe auf reges Interesse stößt und vielleicht auch andere Autoren dazu ermuntert, uns ihre Manuskripte zur ethnologischen Migrationsforschung für die Aufnahme in die Reihe anzubieten.

Brigitte Bönisch-Brednich, Victoria University, Wellington, New Zealand

Vorwort der Autorin

„Irgendwann will ich nach Australien auswandern!" Davon war ich felsenfest über-zeugt, nachdem ich mit 15 Jahren eine deutsche Auswanderin in Australien besucht hatte. (Natürlich hat das damals keiner wirklich ernst genommen.)

Während meines Auslandsstudiums an der *Victoria University of Wellington, New Zealand*, wurde zwar das Ziel „Australien" durch „Neuseeland" ersetzt, der Wunsch aber blieb bestehen und wurde durch die Liebe zu einem Neuseeländer sogar bestärkt.

Die Autorin und ihr Mann vor der Auswanderung nach Neuseeland.

Je konkreter meine Auswande-rungspläne wurden, desto mehr Gedan-ken machte ich mir darüber, welche Dinge ich mitnehmen wollte und wie ich mich am besten auf die Emigration nach Neuseeland vorbereiten könnte. Dabei stieß ich im Internet auf ein Aus-wanderungsforum, in dem sich Deut-sche mit der Wahl- oder Wunschheimat Neuseeland über genau diese Fragen austauschten.

Welche Dinge dort allerdings unbe-dingt mitzunehmen empfohlen wurden (vor allem die deutsche Waschma-schine) und wie unterschiedlich die Meinungen dazu waren, weckte dann letztlich mein Interesse, dem Phänomen „Auswanderergepäck" auch wissenschaftlich auf den Grund zu gehen. Denn bevor ich selbst den Schritt der Auswanderung wagte, wollte ich mein Studium in Deutschland abschließen. Das Thema meiner Studie stand somit fest.

Mit dem Thema „Bewegliche Habe" hatte ich mich bereits 2002/ 2003 in einem zweisemestrigen Projekt unter Leitung von Prof. Dr. Bernd-Jürgen War-neken intensiv beschäftigt und erste Felderfahrung in der Migrationsforschung gesammelt. Somit erschienen mir die Voraussetzungen geradezu ideal, mit diesem Thema, das mich persönlich wie wissenschaftlich gleichermaßen reizte, ein bisher in der Migrationsforschung wenig berücksichtigtes Thema zu erforschen.

Im November und Dezember 2005 begab ich mich für fünf Wochen auf Feld-forschung und reiste kreuz und quer durch Neuseeland, um deutsche Auswanderer vor Ort zu interviewen. Ihre Erzählungen, Aussagen und Fotos sind das Herzstück dieser Arbeit, deshalb gilt ihnen mein besonderer Dank!

Bei Prof. Dr. Bernd-Jürgen Warneken möchte ich mich ganz herzlich bedanken, dass er mich in meinem Vorhaben bestärkt und die Arbeit intensiv betreut hat.

Zahlreiche Literaturempfehlungen, Feldforschungstipps und Ermutigungen verdanke ich Prof. Dr. Brigitte Bönisch-Brednich, meiner wissenschaflichen Ansprechpartnerin in Neuseeland.

Ferner danke ich der Friedrich-Ebert-Stiftung, die sowohl mein Studium, als auch die Feldforschungsreise finanziell und ideell großzügig unterstützt hat.

Zwei Auswanderinnen haben den Boden für diese Arbeit bereitet. Inge Borg, die in den 1950er Jahren nach Neuseeland ausgewandert ist und mit der ich eine bereichernde Brieffreundschaft pflege. Und Lottelore Mack, die nach Australien zog und mit ihrem Angebot, sie dort zu besuchen, bei mir als 15-Jähriger den Traum auszuwandern erstmals geweckt hat. Ihnen gilt meine Bewunderung, deshalb widme ich ihnen mein Buch.

Es ist mir besonders wichtig, einer Person von Herzen zu danken: Meinem Mann Ryan McArthur, ohne dessen Geduld, Verständnis und *cheering-up* ich dieses Projekt kaum bewältigt hätte. Er ist es, der meinen Traum vom Auswandern für mich wahr macht!

Tanja Schubert-McArthur   Wellington, den 1.9.2007

1. Einleitung

Die See ist wild und stürmisch, der Himmel regenverhangen. Das kleine Boot hat es schwer, seine Fracht an Land zu bringen. Eine Frau und ein Mädchen werden huckepack durch die Brandung getragen, damit ihre langen Kleider nicht nass werden. Ihr Hab und Gut wird von Seeleuten an Land geschleppt. Über eine große Holzkiste mokieren sich die Matrosen besonders: „Wie kann man nur so etwas Schweres mitnehmen?", fragen sie kopfschüttelnd. Dann werden die Mutter und ihre kleine Tochter mit Sack und Pack am Strand zurückgelassen, in einer ihnen unbekannten, bedrohlichen Landschaft am Ende der Welt. Aus den vielen Kisten und Koffern sticht ein Gegenstand hervor, weil er so fehl am Platz wirkt: das Piano[1].

Dass Ada (Holly Hunter) ausgerechnet das sperrige und empfindliche Piano aus Schottland auf die weite Reise nach Neuseeland mitgenommen hat, irritiert den Zuschauer genauso wie Alisdair Stewart (Sam Neill), mit dem Ada verheiratet werden soll. Auch in der Wildnis will Ada ihr Piano bei sich haben, sehr zum Ärgernis der Träger, die sich weigern, das „schwere Ding" durch den Urwald zu tragen. Adas Tochter Flora (Anna Paquin) insistiert: „Das ist das Piano meiner Mutter, sie braucht es!", worauf Stewart Ada ungläubig fragt: „Meinen Sie wirklich, Sie verzichten eher auf Ihre Kleidung oder Ihre Küchengeräte?"

Dieses Piano brachte George Hunter 1840 von England nach Neuseeland mit. Es war vermutlich das erste Piano in Wellington und befindet sich heute in der Ausstellung "Passports" im Museum of New Zealand Te Papa Tongarewa.

Der Zuschauer kann zu diesem Zeitpunkt nur erahnen, welche Bedeutung das Piano für Ada hat. Steward lässt indes keinen Zweifel daran, dass er es für unnötigen Ballast hält, höchstens als Tauschobjekt interessant. Das Piano ist nicht nur ein geliebtes Instrument, an dem Ada hängt, sondern wird für die junge Frau, die stumm ist, zur Prothese. Durch das Piano kann sie kommunizieren, die Musik ist ihre Sprache. Deshalb musste das monströse Musikinstrument mit Ada nach Neuseeland, auch wenn es die Reise umso beschwerlicher machte. Und ungeachtet der Tatsache, dass die Mitnahme eines Pianos auf der Schiffspassage nach Neuseeland für Außenstehende an Wahnsinn grenzt.

Wenn so Auswandern in der Mitte des 19. Jahrhunderts aussah, wie gestaltet sich Auswandern dann heute? Welche Motivationen haben Menschen im Jahr 2005 nach Neuseeland auszuwandern? Was nehmen sie mit ans andere Ende der Welt? Und welche Bedeutung haben diese Dinge[2] für ihre Besitzer bei der Emigration?

Wandern die Migranten mit Sack und Pack aus oder entledigen sie sich ihres Besitzes?

Auch heute noch ist die Auswanderung ein radikaler Einschnitt in die Biografie, ein das bisherige Leben völlig verändernder Schritt. Wer nach Neuseeland zieht, verlässt nicht nur seine Familie und Freunde, sondern auch seine vertraute Umgebung auf unbestimmte Zeit. Selbst wenn das Zielland von Urlaubsreisen bekannt ist, kann man doch nicht genau wissen, wie es sich dort lebt. Schwierigkeiten mit der Sprache, eine fremde Landschaft, eine Kultur, mit der man nicht vertraut ist, und Leute, die man nicht kennt, machen den Start in einem fremden Land nicht gerade einfach. Im Gegenteil, die Identität gerät ins Wanken. Die Heimat, die man verlassen hat, wird, um mit Bausinger zu sprechen, zum „Kompensationsraum, in dem die Versagungen und Unsicherheiten des eigenen Lebens ausgeglichen werden, in dem aber auch die Annehmlichkeiten des eigenen Lebens überhöht erscheinen."[3]

Nicht zuletzt aus diesem Grund stehen den etwa 500 Deutschen[4], die pro Jahr nach Neuseeland auswandern, fast ebenso viele Rückwanderer gegenüber. Wenn das Heimweh oder die Sehnsucht nach den Lieben zu Hause zu groß wird, geben viele schon im Übergangsprozess auf.

Tilmann Habermas vertritt wie Urie Bronfenbrenner die Ansicht, „dass der Übergang zu einer neuen Umwelt erleichtert wird, wenn vertraute Umweltelemente aus der alten mit in die neue Umwelt hinübergenommen werden."[5] Personen, die viele persönliche Objekte bei einem Übergang, wie etwa einem Umzug, mitnahmen, bewältigten demnach die räumliche Veränderung leichter. Folglich müsste die Auswanderung nach Neuseeland, die mehr als einen bloßen Umzug[6] bedeutet, ein geeignetes Exempel sein, um den Zusammenhang zwischen dem Migrationsprozess und dem Dingbezug darzustellen und zu überprüfen.

Migrations- und Mobilitätsbewegungen sind auch von der Volkskunde unter vielerlei Gesichtspunkten untersucht worden, nur einen Aspekt sucht man vergeblich: das Auswanderergepäck. Selbst Google erzielt nur einen einzigen Treffer zum Thema[7].

„What would you pack in your kist?"[8], wird der Besucher des Otago Settlers Museum[9] in der neuseeländischen Stadt Dunedin beim Anblick einer leeren Auswandererkiste von 1865 gefragt. Eben diese Frage treibt die heutigen Emigranten genauso um wie die damaligen Auswanderer. In den Auswandererforen[10] im Internet wird das Thema Gepäck immer wieder diskutiert. Umso verwunderlicher, dass dieses Thema in der bisherigen Auswandererforschung lediglich eine untergeordnete Rolle spielte. Die Frage, welche Dinge Auswanderer[11] mitnehmen, und vor allem die Faktoren, die die Gepäckauswahl beeinflussen, werden – wenn überhaupt – nur am Rande behandelt oder schlicht ausgespart. Wie lässt sich diese Diskrepanz erklären? Die Vermutung drängt sich auf, dass das Gepäck den Migrationsforschern zu banal erscheint, um Untersuchungsgegenstand zu sein. Bei genauerer Betrachtung eröffnet der Fokus auf die im Auswanderergepäck mitgebrachten Dinge jedoch neue Perspektiven und verspricht interessante Aufschlüsse über die komplexen Zusammenhänge der Auswanderung:

> „Verbunden mit biografischen Informationen, dienen diese ‚persönlichen Objekte‘ als Schlüsselsymbole für verschiedene Migrationssituationen und verschiedene, individuelle Strategien, mit diesen umzugehen.“[12]

Die Objekte, die die Migranten begleiten, sagen oft mehr über deren Persönlichkeit, Motivationen, Erwartungen und Bleibeabsichten aus, als den Auswanderern selbst bewusst ist. Zudem verspricht der Blick auf die Dinge, die Aussagen der Probanden in den Interviews zu prüfen. Nicht selten sprechen die Dinge eine andere Sprache als die Auswanderer. Das Gepäck soll deshalb in der vorliegenden Arbeit als Zugang dienen, um die deutsche Migration nach Neuseeland im Jahr 2005 nachzuvollziehen und eine Lücke in der Migrationsforschung zu schließen.

Es versteht sich von selbst, dass die heutigen Emigranten unter völlig anderen Bedingungen auswandern als die Auswanderer vergangener Tage. Die Zeiten, als man mit ‚Sack und Pack‘, also mit allem, was man in sein Bündel schnüren und tragen konnte, zu Fuß in ein unbekanntes Land aufbrach, sind längst vorbei. Nur der Begriff ‚Auswandern‘ erinnert noch an sie:

> „Auswandern – schon der Begriff weckt unweigerlich anachronistische Assoziationen an Zeiten, in denen man noch seine Habe auf den Rücken packen und das Land zu Fuß verlassen konnte.“[13]

Heute kann man seine gesamte Habe mitnehmen oder alles in Neuseeland neu kaufen. Man kennt das Zielland meist von Urlaubsreisen und entscheidet sich aus Lifestyle-Gründen für ein Leben am anderen Ende der Welt. Auch ein Rückflugticket ist erschwinglich und fast jederzeit verfügbar. Die ‚Abwanderer‘ sprechen heute kaum noch von Auswandern, sondern folgen einem Jobangebot oder ihrem Fernweh, wollen Auslandserfahrung sammeln oder sich in der Fremde behaupten – Rückkehr oder Weiterwanderung nicht ausgeschlossen.

Fünf Hypothesen liegen dieser Studie zugrunde:

1. Die Auswanderungsbedingungen und die Motivationen der Auswanderer von einst und heute haben sich grundlegend geändert, folglich muss sich das Gepäck ebenfalls deutlich geändert haben.

2. Durch Handelsabkommen und die Globalisierung der Märkte unterscheiden sich die Produkte kaum noch zwischen den Ländern. Fast alles ist auch im Zielland erhältlich. Es ist also nicht zwingend notwendig, Güter nach Neuseeland mitzunehmen.

3. Den heutigen Auswanderern stehen, verglichen mit den historischen Auswanderern, mehr Gepäckvarietäten zur Verfügung. Trotz moderner Transportmöglichkeiten ist das Gepäckvolumen jedoch beschränkt und die Auswanderer müssen ihren Besitz reduzieren.

4. In Neuseeland stellt sich manche Vermutung der Auswanderer in Bezug auf Güter als Fehlwissen heraus. Bestimmte Dinge werden vermisst, andere passen nicht zum neuen Lebensstil und werden überflüssig.

5. Die Dingbedeutungen und -funktionen verändern sich im Laufe des Migrationsprozesses.

Daraus ergeben sich folgende Fragestellungen:

- Lässt sich der Wandel in der Auswanderung am Gepäck ablesen?
- Welche Dinge sind es, die dennoch von Deutschland mitgenommen werden, und warum werden sie ausgewählt?
- Für welche Gepäckvarietät entscheiden sich die Auswanderer jeweils und welche Faktoren beeinflussen die Auswahl der Dinge und das Gepäckvolumen? Welche Strategien im Umgang mit der Habe werden in Deutschland angewendet?
- Welche Strategien werden entwickelt, um den Mangel in Neuseeland zu kompensieren? Wie verändern sich die Lebensstile der Auswanderer in Neuseeland?
- Welche Faktoren spielen beim Bedeutungswandel der Dinge in Neuseeland eine Rolle?

Bevor ich mich der Beantwortung dieser Fragen zuwende, werde ich im zweiten Kapitel einen geschichtlichen Überblick über die deutsche Auswanderung nach Neuseeland geben, die veränderten Bedingungen aufzeigen und die Motivationen der heutigen Auswanderer am Beispiel meiner Interviewpartner vorstellen. Im dritten und vierten Kapitel wird Migration und Materialität im Vordergrund stehen, wobei ich mich hauptsächlich auf das empirische Material meiner Interviewreisen durch Deutschland und Neuseeland stützen werde. Die Strategien der Auswanderer, mit ihrer Habe umzugehen, sind nach Herkunfts- und Zielland unterteilt. Wie die Auswanderer ihre Habe in Deutschland reduzieren, bewahren oder ergänzen soll im dritten Kapitel besprochen werden, bevor das Auswanderergepäck einer Analyse unterzogen wird. Im vierten Kapitel steht der Umgang mit der Habe in Neuseeland im Mittelpunkt, der unter den Aspekten „Lebensstandardsicherung oder Innovationsabsicht?" interpretiert werden soll. An dieser Stelle wird auch der Bedeutungswandel der mitgebrachten Dinge aufgezeigt. Zum Schluss werde ich die Ergebnisse zusammenfassen und einen Ausblick geben. Es ist zu überprüfen, ob der gewählte Ansatz der Auswandererforschung neue Erkenntnisse liefern kann.

Bevor ich näher auf die angewandten Methoden eingehe, will ich jedoch zunächst den Forschungsstand der Migrations- und Sachkulturforschung sowie der Migrationstheorien vorstellen, an deren Schnittstelle meine Arbeit angesiedelt ist.

Migrationsliteratur

Aktuelle Migrationsforschung

Die Literaturrecherche zur aktuellen Auswanderung von Deutschen nach Neuseeland ergibt ein sehr dürftiges Ergebnis. Die historischen Beispiele für die vielfältigen Beziehungen zwischen Deutschland und Neuseeland liefert James N. Bade, ein neuseeländischer Germanist, in „Eine Welt für sich - Deutschsprachige Siedler und Reisende in Neuseeland im 19. Jahrhundert"[14], indem er deren Briefe und Tagebücher zusammenträgt und damit *The German Connection*[15] veranschaulicht.

Uwe Hermann Eisenberger hat 1995 für seine Dissertation „Migration – Lebensstilelement und alternativer Lebensentwurf – Deutsche Einwanderer in Australien und Neuseeland seit Ende der 1970er Jahre"[16] die Motivationen von 33 Deutschen, die Ende der 70er bis Anfang der 90er Jahre nach Australien und Neuseeland ausgewandert waren, in Interviews erhoben. Obwohl Eisenberger auch qualitative Methoden anwendet, ist die Auswertung bedauerlicherweise überwiegend quantitativ. Eines seiner Ergebnisse, dass nämlich die Australienauswanderer eher der Arbeiterklasse zuzuordnen, wohingegen die Neuseelandauswanderer gutsituierte Bildungsbürger seien, gab einen Impuls für meine Feldforschung.[17]

Seine Unterteilung in klassische Push- und Pullfaktoren ist für diese Arbeit jedoch nur bedingt von Nutzen gewesen.

Die wohl umfassendste und bedeutendste Forschungsarbeit über die Auswanderung der Deutschen nach Neuseeland legt Brigitte Bönisch-Brednich mit ihrer Habilitationsschrift „Auswandern – Destination Neuseeland. Eine ethnographische Migrationsstudie" vor. Die Langzeitstudie beeindruckt nicht nur durch ihre breite Anlage, sondern auch durch ihre hermeneutische Tiefe. In einer zwölfmonatigen Feldforschungsphase befragte die Volkskundlerin 102 Deutsche, die zwischen 1936 und 1996 nach Neuseeland eingewandert sind, und periodisiert sie nach den Phasen der Einwanderung. Das Erzählen über den biografischen Einschnitt der Auswanderung steht bei dieser Studie im Mittelpunkt. Die Auswanderungserzählungen aus den Interviews wurden in 26 Themenkom-plexe unterteilt und ausgewertet. Von den Felderfahrungen und den Ergebnissen der ethnografischen Migrationsstudie erhielt die vorliegende Studie wichtige Impulse. Bönisch-Brednich plädiert für eine „variabel denkende, analysierende und konstruierende Migrationsforschung, eine Migrationsforschung, die sowohl historisch denkt, als auch neue, scheinbar unspektakuläre Forschungsfelder der Mühe von langfristig angelegten Projekten für wert befindet."[18]

Dieser Aufforderung will diese Arbeit gerecht werden.

Ratgeberliteratur

Auf dem Buchmarkt finden sich zahlreiche Auswanderungsratgeber, die sich teilweise gezielt an Neuseelandbegeisterte wenden.[19] Ein umfassender Ratgeber ist 2006 mit „Für immer Neuseeland - Erfolgreich auswandern"[20] auf dem Buchmarkt erschienen. Die Gliederung dieses Buches ist typisch für die meisten Auswanderungsratgeber: Neben Einwanderungstipps gibt es Ratschläge, wie man die Auswanderung vorbereitet und in Neuseeland Fuß fasst sowie zur Illustration ein paar „Auswandererschicksale".

Obwohl es zahlreiche Auswanderungsratgeber gibt, sucht man Ratschläge zum Gepäck meist vergeblich.

Solchen, oft dramatischen Biografien, widmet Kerstin E. Finkelstein ihr Buch „Ausgewandert – Wie Deutsche in aller Welt leben"[21], für das sie deutsche Auswanderer beziehungsweise deren Nachfahren in fast allen Teilen der Welt aufsuchte.[22] Die Kontaktaufnahme erfolgte hauptsächlich durch ‚Deutschen-Klubs', was das Spektrum der Auswandererpersönlichkeiten stark einschränkt.

Ein aufwändiges Projekt, das mit Spannung erwartet wurde, aber beim Lesen enttäuscht: Im Plauderton gibt Finkelstein ihre Reiseerlebnisse wieder. Trotz der Vielzahl der Auswandererschicksale bleibt die Aneinanderreihung nichtssagend und ohne wissenschaftliche Relevanz. Dennoch erfüllt die Veröffentlichung ihren Zweck: Sie ist unterhaltsam und spart nicht mit Sensationen. Für die vorliegende Studie war lediglich Finkelsteins Einleitung von Nutzen.

Interessant, aber verwunderlich ist ferner, dass selbst die Auswanderungsratgeber wenig Ratschläge für die Gepäckauswahl geben. Um deren Gepäcktipps und die Rezeption der Ratgeber durch die Auswanderungsinteressierten wird es an anderer Stelle gehen.

Migrationstheorien

Migration ist eines der bedeutendsten Phänomene der Spätmoderne. Folglich spielt auch die Migrationsforschung in verschiedenen Disziplinen eine große Rolle. Auffällig und zugleich bedauerlich ist, dass die Migrationsforschung, wenn sie ‚Deutsche im Ausland' untersucht, fast immer im historischen Kontext angesiedelt ist. In der regionalen Migrationsforschung finden sich oft Einzel- oder Gruppenschicksale von Auswanderern zur Blütezeit der Auswanderung im 19. Jahrhundert, die als Fallbeispiele oder Massenphänomen behandelt werden. Hier setzen Aspekte wie ‚Ursachen', ‚Die Überfahrt' und ‚Das Leben im neuen Land'[23], Schwerpunkte in der chronologischen Gliederung. Überwiegend sind diese auf archivalischen Quellen beruhenden Untersuchungen unterteilt in verschiedene Phasen der historischen Auswanderung und beschränken sich auf deren detaillierte Beschreibung.

Auch was die Auswahl der Länder betrifft, folgt die deutsche Migrationsforschung weitgehend den Auswanderungsstatistiken, denn der Hauptanteil dokumentiert die Auswanderung nach Amerika. Dagegen spielen Australien und Neuseeland zahlenmäßig in den Auswanderungsstatistiken wie in den Buchtiteln eine eher untergeordnete Rolle.

Selbstverständlich werden in Deutschland neben den ‚Deutschen im Ausland‘ auch ‚Immigranten in Deutschland‘ in soziokulturellen Studien erforscht, wobei die Blickrichtung oft auf die dadurch entstehenden Veränderungen für die deutsche Gesellschaft abzielt. In der Nachkriegszeit wurde der Kontext der Herkunftsländer kaum berücksichtigt, stattdessen konzentrierten sich die Untersuchungen auf ‚Gastarbeiterwanderungen‘, die sich in der Folge zum so genannten ‚Ausländerproblem‘ wandelten"[24].

In zahlreichen Mikrostudien ist zudem häufig eine Überrepräsentation unterprivilegierter Migrantengruppen festzustellen. Zwar weisen diese Arbeiten erfolgreich auf die Probleme von Minderheiten hin, bergen aber beim Forscher die Gefahren des *Research Down*[25] und sind einem gewissen Hang zur „von der Zunft so geschätzte[n] Exotik"[26] zuzuschreiben.

Die Sichtweise von Peter J. Bräunlein und Andrea Lauser, Migration sei kein „Störfall", sondern vielmehr „Normalfall im globalen Alltag"[27], scheint mir für die heutige Migrationsforschung unverzichtbar zu sein.

Vor allem von den amerikanischen Anthropologen kamen neue theoretische Ansätze, die die Migrationsforschung in Europa entscheidend beeinflusst haben. Die US-Forscher haben Begriffe wie *Hybrid Identities*, *Transnational Migrants*, *Ethnoscapes* und *Multi-Sited Ethnography* geprägt, die geeignet sind, die heutigen Konzepte von Migration treffend zu beschreiben und angemessen zu untersuchen. Die Fachtermini sollen im Folgenden definiert werden.

Homi K. Bhaba schlägt für Mischidentitäten, die sich aus „einer Bricolage aus kulturellen Elementen"[28] selbst definieren, den Begriff *Hybrid Identities*[29] vor. Mit diesem Begriff geht auch ein Perspektivwechsel einher, denn die Migranten werden nicht mehr als passive Wesen gesehen, die sich der dominanten Kultur einfach unterordnen. Vielmehr entscheiden diese *Hybrid Identities* selbst, was sie von dieser Kultur annehmen und was sie von jener Kultur behalten. Je nach Lebenssituation und Umfeld können die kulturellen Elemente flexibel eingesetzt werden: „Dabei entsteht das Bild von Migranten als grenzüberschreitende, mit Kulturversatzstücken agierende Individuen."[30]

Genauso flexibel wird die Migration gehandhabt, die heute in den seltensten Fällen linear und eindimensional verläuft, sondern die Weiter- oder Rückwanderung als Teil des Lebensentwurfs oft vorsieht. Dieses als Transnationalismus bezeichnete Phänomen zieht auch eine veränderte Forschungssituation nach sich. Statt Migranten am Start- oder Zielort aufzusuchen, muss der Forscher sich selbst bewegen, um mit den Migranten Schritt zu halten.

George E. Marcus fordert deshalb, die Methode der *Multi-Sited Ethnography*[31] anzuwenden, denn nur wenn der Forscher den Beforschten aktiv nachreist, kann er die globalen Wanderbewegungen nachvollziehen. Ein anderer Verfechter dieses Ansatzes ist Arjun Appadurai, der fordert, die ethnografischen Methoden den veränderten Bedingungen „bei der sozialen, räumlichen und kulturellen Entstehung von Gruppenidentitäten"[32] anzupassen:

> „Die anthropologischen Beschreibungsmethoden werden darauf reagieren müssen. [...] Denn die Gruppen sind nicht länger auf bestimmte Territorien fixiert, an bestimmte Räume gebunden, sie verfügen über ein Bewusstsein ihrer eigenen Geschichte und sind keineswegs kulturell homogen."[33]

Folglich müssen auch die durch Globalisierung, Enträumlichung und transnationale Bewegungen entstandenen Räume, die so genannten *Ethnoscapes*, die Entität Ort ersetzen und in den Mittelpunkt des Forschungsinteresses rücken. Mit der Wortneuschöpfung *Ethnoscapes* bezeichnet Appadurai ethnischen Räume, „welche den sich gegenwärtig vollziehenden Wandel charakterisieren: die ethnischen Räume der Touristen, der Immigranten, der Flüchtlinge, der Exilanten, der Gastarbeiter und anderer mobiler Gruppen und Individuen."[34]

Obwohl die amerikanischen Anthropologen wichtige Anstöße für die Migrationsforschung liefern, ist auffällig, dass ihnen, wie Gisela Welz kritisiert, die eigene empirische Forschung zur Absicherung der Theorien fehlt:

> „Bemerkenswert ist bei der Sichtung von Beiträgen gerade solcher prominenten Wortführer wie Appadurai, Hennerz oder Clifford, dass sie kaum Ergebnisse eigener ethnographischer Untersuchungen präsentieren und konkrete Beobachtungen zumeist nur in Form subjektiv gefasster Anekdoten zur durchaus suggestiven Illustration der eigenen These einführen. Wer keine empirische Forschung plant und durchführt, muss sich der Herausforderung von Forschungsdesign und Methodologie nicht stellen. Aber die neuen Konzeptualisierungen von mobilen Kulturen, die sich gleichzeitig in permanenten Umbauprozessen befinden, müssen in konkreten empirischen Forschungen überprüft werden."[35]

Dieser Forderung will die vorliegende Studie nachkommen, indem sie ihre Thesen auf eine *Multi-Sited Ethnography* in Neuseeland und Deutschland stützt.

Die Fragen, die Stuart Hall und James Clifford als jeder *travel research* übergeordnet aufwerfen, nämlich: „[...] what stays the same even when you travel?"[36] beziehungsweise „What is brought from a prior place? And how is it maintained and transformed by the new environment?"[37] fasst die vorliegende Studie wörtlich auf und stellt die Dinge, die vom Ausgangsort mitgebracht werden, in den Mittelpunkt der Untersuchung.

Sachkulturforschung

> „In den Sachgütern im weitesten Sinne sieht die Volkskunde heute Indi-
> katoren (beobachtbare Merkmale) von kulturellen Prozessen und gesell-
> schaftlichen Zusammenhängen, das heißt sie werden nicht um ihrer selbst
> willen (als l *árt pour l árt*, als Objekte ästhetischer Wahrnehmung) unter-
> sucht, sondern als möglicher Zugang zum Verständnis sozio-ökonomischer
> beziehungsweise sozio-kultureller Entwicklungen"[38].

Objekte als Indikatoren von Migrationsprozessen zu sehen und zu untersuchen, ist indes noch nicht weit verbreitet. Bernd Jürgen Warneken hat mit seinem Projekt „Bewegliche Habe – Zur Ethnografie der Migration"[39] die Bedeutung von persönlichen Dingen beziehungsweise Lieblingsdingen für das Weggehen aus der Heimat, aber auch das Ankommen in Deutschland eindrücklich unter Beweis gestellt.

Die aus den Heimatländern mitgebrachten oder in Deutschland erworbenen Dinge waren den Aussiedlern und Flüchtlingen eine große Hilfe bei der Verarbeitung der Migrationserfahrung. Teilweise wurden mithilfe der Dinge auch Kontakte geknüpft, was wiederum das Einleben in Deutschland erleichterte.[40] Weitere Studien, die an der Schnittstelle von Migration und Sachkulturforschung angesiedelt sind, liegen bedauerlicherweise nicht vor. In Ulrike Langbeins Dissertation „Geerbte Dinge" wird die Bedeutung von Erbstücken in Bezug auf die Biografie beleuchtet und in dichter Beschreibung ausgewertet. Ihre Vorgehensweise und Interpretationen in Bezug auf die Erbstücke ließen sich teilweise auf meine Studie übertragen.

Der Psychologie-Professor Tilmann Habermas erörtert in „Geliebte Objekte" die Funktionen, die persönliche Objekte in Übergangssituationen „wie Umzügen, Verlusten und Statusübergängen"[41] und bestimmten Lebensphasen annehmen können, wobei sein Hauptaugenmerk auf der Adoleszenz liegt. Habermas geht von der Auffassung aus, dass Dinge „multiple Funktionen" erfüllen, ihre Hauptfunktion jedoch darin besteht, „die soziale Position und Identität dessen anzuzeigen, der über das Objekt verfügt."[42] Habermas unterscheidet unter anderem Übergangsobjekte, ständige Begleiter und auf die Zukunft verweisende Objekte. Dabei schaffen Übergangsobjekte Kontinuität, indem sie Verbindung herstellen mit dem, was die

Person verlässt, um „zugleich neue Beziehungen anzuknüpfen mit dem Zielort"[43]. Die ständigen Begleiter unter den persönlichen Dingen können entweder verlassene oder neu erworbene Objekte sein, während die auf die Zukunft verweisende Objekte Autonomie versprechen. Ein wichtiges Thema, wenn es um persönliche Objekte geht, sei das „der Reise, des Exils, der Heimkehr, des Übergangs"[44], das auch in meiner Studie im Vordergrund steht. Bei der Analyse der Dingbeziehungen der Auswanderer ist Habermas' Werk deshalb mein ‚ständiger Begleiter'. Während Habermas die Lieblingsdinge in den Mittelpunkt rückt, die bislang erst in zwei psychologischen Arbeiten beachtet wurden, möchte sich die vorliegende Untersuchung jedoch nicht auf die geliebten Objekte beschränken, sondern fragt nach allen Gegenständen, die heute von den Befragten „für das materielle und kulturelle Überleben ausgewählt"[45] wurden.

Methoden der Feldforschung

Die Feldforschungsphase für die vorliegende Studie erstreckte sich von August bis Dezember 2005 über einen Zeitraum von vier Monaten und lässt sich grob in die Feldforschung in Deutschland und die in Neuseeland unterteilen. Die Interviews innerhalb Deutschlands fanden in unregelmäßigen Abständen, abhängig vom jeweiligen Abflugtermin der Auswanderer, in deren Wohnort statt. Im Oktober begab ich mich auf eine siebentägige Interviewreise durch Deutschland, um zukünftige Auswanderer in und um Stuttgart, Frankfurt, Hamburg, Bremen und Bonn zu treffen. Die intensivste Phase der Feldforschung war meine fünfwöchige Neuseelandreise von Mitte November bis Mitte Dezember, auf der ich fast täglich Auswanderer interviewte.

Juli	August	September	Oktober	Nov./Dez.
Themen- auswahl und Literatur- recherche	Probeinterview und 1. Interview Besuch im Deutschen Auswandererhaus	Recherche und Vorbereitung der Neuseeland- reise	Job-Expo Potsdam Experteninterview (Raphaels-Werk) Interviewreise in Deutschland	08.11. bis 16.12.2005 Feldforschungs- reise nach Neuseeland Erstinterviews und Wiederho- lungsinterviews

Tabelle 1: Feldforschungsverlauf 2005

Für die *Multi-Sited Ethnography* wurden qualitative Methoden angewendet, da diese ein dem Sample und der Fragestellung angemessenes Instrumentarium bieten. Die Analyse vielfältiger wissenschaftlicher[46] und populärer Quellen[47] zur Migration, der Besuch im neu eröffneten Deutschen Auswandererhaus[48] in Bremerhaven und die Teilnahme an der Job-Expo[49] in Potsdam waren nützlich und notwendig, um die Fragestellung zu entwickeln. Unterdessen und danach begann die Feldforschungsphase der Vergleichsstudie mit leitfadengestützten Interviews[50], die auf Tonband aufgezeichnet wurden[51] und durch teilnehmende Beobachtung ergänzt wurden. Meine subjektiven Eindrücke wurden zudem in einem Feldtagebuch reflektiert.

Das leitfadengestützte Interview erschien mir geeignet, weil es zwar themenzentriert, in seiner Struktur jedoch offen ist und sich an alltägliche Gesprächsformen anlehnt[52]. Der Leitfaden selbst diente mir im Laufe der Feldforschungsphase immer weniger zur Steuerung der Interviews und immer mehr zur bloßen Überprüfung, ob alle Themenkomplexe zur Sprache gekommen waren. Das Setting und der Gesprächsverlauf griffen das ‚Prinzip der Gleichheit' des ‚ero-epischen Gesprächs'[53] auf, das beide Gesprächspartner als Lernende ansieht und das Formulieren von Fragen nicht nur dem Interviewer zugesteht, sondern auch dem Interviewten. Der Leitfaden hatte eine erzählgenerierende Intention. Die erste Frage lautete immer ungefähr so: „Erzähl´ doch mal, wie du überhaupt auf die Idee gekommen bist, auszuwandern und wie es dann weiterging bis heute."

Diese Erzählaufforderung ermunterte die Interviewpartner[54] zu langen Ausflügen in ihre Biografie, manchmal bis zurück in ihre Kindheit. Passagenweise wurden die Interviews narrativ, dann nahm ich mich als Forscherin zurück und versuchte lediglich, den Erzählfluss nicht zu stören. Unabdingbar zur Ergänzung und Überprüfung der Aussagen aus den Interviews erschien mir die Anwendung der „Kernmethode ethnografischer Feldforschung"[55], der teilnehmenden Beobachtung. Dabei wählte ich die unstrukturierte oder ‚freie teilnehmende Beobachtung'[56], die lediglich nach einem Vorverständnis strukturiert, nicht aber an vorgegebene Hypothesen gebunden ist. Durch Beobachtungen konnten die Interviewaussagen verifiziert und eingeordnet werden, denn „[d]ie verschiedenen methodischen Zugänge ergänzen, korrigieren oder validieren sich im Sinne der *Triangulation* [Hervorhebung im Original, T.S.M.]."[57]

Die Anbahnung

Die ursprüngliche Idee, über die neuseeländische Botschaft in Berlin an potentielle Auswanderer zu gelangen, wurde schnell wieder verworfen. Zum einen werden die Einreiseanträge nicht in Berlin, sondern in London bearbeitet, zum anderen war die neuseeländische Botschaft aus Datenschutzgründen nicht in der Lage, Kontakte zu vermitteln. Auch meine Anfrage, ob sie einen Brief mit dem Forschungsvorhaben an zukünftige Auswanderer weiterleiten würde, wurde negativ beschieden. Also entschloss ich mich für den etwas unkonventionellen Weg der Kontaktaufnahme via Internet. Ich hatte bereits mehrere Wochen im Immigrationsforum der Internetseite ‚www.nz-village.com'[58] mitgelesen und mit großem Interesse verfolgt, über welche Themen sich die Mitglieder austauschten. In den Beiträgen offenbarte sich bald, wer bereits in Neuseeland und wer noch in Deutschland lebte, wann man eingereist war oder die Ausreise plante, ob man Kinder hatte oder mit dem Partner auswanderte usw. Um selbst Beiträge ins Forum stellen zu können, ist eine Registrierung erforderlich. Obwohl es in den Internetforen üblich ist, Pseudonyme zu verwenden, schien es mir für meine Zwecke von Vorteil, mich mit meinem vollen Namen anzumelden. Das half Vertrauen bei den späteren Interviewpartnern zu schaffen, die somit gleich zu Beginn wussten, mit wem sie es zu tun hatten.

In diesem Auswanderungsforum tauschen sich Deutsche, die in Neuseeland leben, und solche, die es anstreben, dort zu leben, über ihre Unsicherheiten, Erfahrungen und Schwierigkeiten aus. Mit 4500 registrierten Mitgliedern und etwa drei neuen *Threads* pro Tag ist das Internetforum ‚www.nz-village.com' sehr aktiv. Dieser virtuelle Ort entpuppte sich als nahezu ideale Kontaktbörse und fast unerschöpfliche Quelle.

Auch zu diesen modernen Kommunikationsformen und ihren Auswirkungen wünscht man sich mehr Untersuchungen in der Migrationsforschung, denn hier liegt ein spannendes Forschungsfeld brach.

Die Kontaktaufnahme via E-Mail ist unkompliziert, kostenlos und zeitsparend[59]. Per Mausklick kann die Anfrage blitzschnell an weitere Kontakte weitergeleitet werden, was als eine sehr effiziente Fortführung des Schneeballsystems genutzt werden kann. Rückfragen der Interessenten können schnell und unverbindlich beantwortet werden und, was mir sehr wichtig erscheint, die Interessenten können vorerst anonym bleiben, bis sie sich für eine Zusammenarbeit entschieden haben.

Mein Plan war, etwa fünf Auswanderer vor und nach ihrem Fortzug aus Deutschland zu interviewen und zusätzlich etwa zehn Auswanderer in Neuseeland zu befragen. Einzige Bedingung sollte sein, dass es sich um Deutsche handelt, die vor relativ kurzer Zeit, also nicht vor dem Jahr 2000 nach Neuseeland eingewandert waren. Die Auswanderer selbst sollten möglichst unterschiedlich sein, was Alter, Schulbildung, Beruf, Motivation, soziale Schicht, Familiensituation und Besitz anbelangt, weil ich mir davon ein breites Spektrum an Gepäckformen versprach.

Ich stellte zuerst einen öffentlichen Aufruf[60] im Immigrationsforum ins Netz, auf den sich etwa fünf Personen meldeten, die zu dem Zeitpunkt noch in Deutschland waren, ihr Ticket nach Neuseeland jedoch schon gebucht hatten. Durch persönliche Nachrichten an andere Forumsmitglieder, die bereits in Neuseeland lebten, konnte ich weitere 15 Personen für mein Sample gewinnen. Drei weitere Deutsche wurden mir von den angeschriebenen Auswanderern empfohlen, die auch den ersten Kontakt herstellten. Nur zwei Auswanderer, die ich angeschrieben hatte, wollten nicht interviewt werden. Ansonsten war das Interesse, an einer solchen Studie teilzunehmen, sehr groß. Einige erhofften sich dadurch, dass ihrer Entscheidung auszuwandern mehr Verständnis entgegengebracht werde, andere freuten sich darauf, „mal einen offenen und toleranten Menschen zur Abwechslung als Gesprächspartner zu haben".[61]

Die Interviews in Deutschland

Da ich mich für die Überlegungen und Gedankengänge der Auswanderer in Hinblick auf ihre Gepäckauswahl interessierte, entschied ich mich für Interviews als Hauptinformationsquelle. Ich entwickelte einen Interview-Leitfaden[62], der Fragen zu verschiedenen Themenkomplexen der Auswanderung stellte. Dieser Leitfaden wurde bei einem Probeinterview am 4. August 2005 mit einem jungen Mann[63], der seit zwei Jahren in Neuseeland lebt, verwendet. Den Kontakt vermittelte eine Person meines privaten Netzwerkes, denn glücklicherweise war der Auswanderer gerade auf ‚Heimaturlaub' bei den Eltern in der Nähe von Stuttgart. Fragen, die mir während dieses Interviews wichtig erschienen, wurden nach dem Interview im Leitfaden ergänzt, andere, die den Interviewpartner verunsichert hatten oder sich nicht als relevant erwiesen, wurden überarbeitet oder ganz gestrichen.

Beim Probeinterview bemerkte ich, dass es dem Auswanderer schwer fiel, sich an alle mitgenommenen Gegenstände zu erinnern. Gerade die eher unscheinbaren Dinge, für die ich mich auch interessierte, wurden erst nach mehrmaligem Nachfragen genannt oder auch verschwiegen[64]. Deshalb stellte ich für die nachfolgenden Interviews eine Packliste[65] zusammen, die als Erinnerungsstütze dienen und die Vergleichbarkeit und Vollständigkeit der Daten sichern sollte.

Auffällig war auch, dass sich die Interviewpartner des zweiten Interviews bei Fragen zu den Kosten der Auswanderung sehr bedeckt hielten. Erst als ich ihnen wiederholt die Anonymisierung zusicherte, waren sie bereit, auch darüber zu sprechen. Bei den folgenden Interviews wies ich die Interviewpartner deshalb per E-Mail und direkt vor dem Interview explizit darauf hin, dass ihre Anonymität in der Ausarbeitung gewahrt werde würde.

Zusätzlich wurde den Interviewpartnern nach dem Interview ein Fragebogen[66], der Angaben zur Person abfragte, gegeben oder per E-Mail geschickt. Es erschien mir sinnvoll, diese Datenabfrage aus dem Interview herauszunehmen, um das aufgebaute Vertrauen und den Erzählfluss dadurch nicht zu stören. Außerdem hatte ich den Eindruck, dass die Interviewpartner nach dem Interview bereitwilliger auch heikle Fragen (etwa zum sozialen Status) ausfüllten. Mir wiederum gab die Zeit, in der der Fragebogen ausgefüllt wurde, Gelegenheit, das Interview Revue passieren zu lassen und eventuelle Nachfragen zu ordnen oder mich in der Wohnung umzuschauen. In der Interviewsituation setzte der Fragebogen meist den Schlusspunkt des offiziellen Teils, danach unterhielt man sich in entspannter Atmosphäre weiter.

Den Mittelpunkt der ethnografischen Untersuchung bilden drei Paare, die jeweils vor ihrer Auswanderung in ihren Wohnorten in Deutschland interviewt und dann erneut, kurz nach der Einreise in Neuseeland aufgesucht wurden. Auswanderung durch ‚Vorher-Nachher-Interviews' im Herkunfts- und Aufnahmeland (be)greifbar zu machen, ist ein Ansatz, der bisher in der Empirischen Kulturwissenschaft/ Volkskunde – wahrscheinlich auch aufgrund der aufwändigen Durchführung – kaum verwirklicht wurde.[67] Mit dem gewählten Forschungsdesign wurde dem Aufruf, Migranten als *Moving Targets*[68] zu betrachten, im wörtlichen Sinne Rechnung getragen. Die Idee, die Auswanderer sehr zeitnah zum Abflugdatum beziehungsweise kurz nach der Ankunft zu interviewen, stellte jedoch eine logistische Herausforderung dar. Zwei der Auswandererpaare hatten ihre Wohnung bereits an den Nachmieter übergeben, so dass wir auf Café und Hotellobby als Interviewsetting ausweichen mussten. Manche potentiellen Interviewpartner hatten Probleme, ihr Visum zu bekommen oder mussten ihren Abflugtermin aus anderen Gründen verschieben, weshalb ein Vorher-Nachher-Interview dann nicht möglich war. In einem Fall musste auf das Interview in Deutschland verzichtet werden, weil die Auswanderin drei Tage vor Abflug aus Zeitgründen den Interviewtermin nicht wahrnehmen konnte. Und in einem anderen Fall kam nur das Interview in Deutschland zustande, weil die Familie erst nach meiner Feldforschungsreise nach Neuseeland aufbrach. Trotz dieser widrigen Umstände kamen erfreulicherweise drei Vorher-Nachher-Interviews zustande.

Die Interviews in Neuseeland

Für die Feldforschung in Neuseeland hatte ich zwei separate Interview-Leitfäden vorbereitet. Einen für das Wiederholungsinterview[69] mit den neu Eingewanderten, bei dem ich vor allem auf Veränderungen, Entwicklungen und Gesinnungswandel in Neuseeland abzielte. Und einen zweiten[70], der bei der Gruppe der bereits länger in Neuseeland lebenden Auswanderern zum Einsatz kam. Die Anzahl der Fragen war jedoch sehr viel geringer als bei den Interviews in Deutschland, weil sich herausgestellt hatte, dass Detailliertheit dem Redefluss nicht unbedingt zuträglich ist. Der Leitfaden wurde in Neuseeland flexibler gehandhabt, die Fragen eher als Gesprächsanlass aufgefasst. Bei beiden Auswanderergruppen leistete wiederum die Packliste gute Dienste zur Inventarisierung des Gepäcks.

Bei einer breit angelegten Feldforschungsstudie in zwei Ländern, die etwa 20000 Kilometer voneinander entfernt liegen, dürfen die finanziellen, organisatorischen und logistischen Faktoren nicht vernachlässigt werden. Die Vorbereitungen (Flug buchen; Reisekostenzuschuss beantragen; Reiseroute durch Neuseeland zusammenstellen: Interviewtermine vereinbaren; anfragen, ob bei den Interviewpartnern übernachtet werden kann; *Backpacker-Hostels* reservieren etc.) erfordern einen hohen zeitlichen und finanziellen Aufwand, der nicht unterschätzt werden sollte. Letztendlich verlief die Feldforschungsreise, die mich auf der Nordinsel von Auckland nach Northland und weiter über Hamilton nach Wellington und auf der Südinsel nach Nelson, Christchurch, Dunedin und Queenstown wieder zurück nach Auckland führte, beinahe reibungslos. Die Reiseroute[71] und die Interviewtermine waren locker per E-Mail oder Telefon festgelegt, konnten aber nach Absprache auch spontan verändert werden, was sowohl mir als auch den Interviewpartnern eine größere Flexibilität zubilligte.

Ich zog die öffentlichen Linienbusse *Intercity Coaches* einem Mietwagen vor, weil ich mir dadurch einen besseren Einstieg ins Feld und interessante Kontakte zu Einheimischen erhoffte. Meine Entscheidung für diese zwar wenig unabhängige und eher unkomfortable Variante des Reisens sehe ich durch Girtler bestätigt, der es wichtig findet, „mit der Bahn oder mit dem Bus, den auch die Einheimischen benutzen, und nicht mit dem Auto als Forscher unterwegs zu sein."[72] Der Bus bot zwar einige Nachteile, wie feste Abfahrtszeiten und -orte, was in einigen Fällen nur durch eine zusätzliche Übernachtung oder die Fahrdienste der Interviewpartner zu kompensieren war, dafür hatte ich genug Zeit, Seite um Seite meines Feldtagebuchs zu füllen und nebenbei die grandiose Landschaft und die Freundlichkeit der *Kiwis*[73] hautnah zu erleben. Auch Girtlers Empfehlung sich alleine, ohne jegliche Reisegesellschaft ins Feld zu begeben, kann ich nur unterstützen, „denn die Einsamkeit verschafft jene Freiheit, die der kühne Forscher oder die kühne Forscherin brauchen, um zu aufregenden Ergebnissen zu gelangen."[74] Ich war als Alleinreisende nicht nur unabhängiger und spontaner, sondern ging auch offener auf Menschen zu, weil ich stärker auf sie angewiesen war.

Zwei potentielle Interviewpartner hatten keine Zeit für mich, dafür kamen zwei unverhoffte Interviews[75] mit Auswanderern hinzu. Bei den Treffen mit Auswanderern machte ich durchweg positive Bekanntschaften, die Kontakte bestehen zum Teil heute noch. Mit ihrer Offenheit und Unkompliziertheit machten die Auswanderer das Gespräch beziehungsweise meinen Aufenthalt angenehm und unterstützten so meine Feldforschung sehr. Durch mein Auslandsstudium in Neuseeland waren mir zwar das Land und seine Eigenarten bekannt, aber innerhalb von zwei Jahren hatte sich viel verändert; auch war meine Distanz zur neuseeländischen Lebensweise so groß geworden, dass ich über vieles erneut staunte. Oft waren meine Erlebnisse somit ähnlich wie die der Interviewpartner. Im Feld machte ich ähnliche Erfahrungen, wie Clifford sie beschreibt:

Helmut und Vanessa während des Interviews mit der Autorin in Wellington.

„The field-worker is ‚adopted‘, ‚learns‘ the culture and the language. The field is a home away from home, a place of dwelling. This dwelling includes work and growth, the development of both personal and ‚cultural‘ competence.“[76]

Zwar war ich der englischen Sprache schon mächtig, aber durch den intensiven Kontakt zu den deutschen Auswanderern wurde ich quasi von der ‚German Community‘ adoptiert. Die Interviewpartner boten mir Übernachtungsmöglichkeiten an, ließen mich an ihrem Alltag teilhaben und gewährten mir somit Einblick in ihre Kultur und ihr Leben.

Oft gaben sie mir das Gefühl, bei ihnen zuhause zu sein und sehr schnell nicht mehr als Forscherin, sondern als Teil der Familie wahrgenommen zu werden. Die Rollen, die mir dabei zugeschrieben wurden, variierten stark und reichten von Gast über Kollegin, Schwester, Vertraute, Freundin bis hin zur Tochter. Diese Rollen anzunehmen und auszufüllen beziehungsweise zurückzuweisen, ohne die Regeln der Höflichkeit zu missachten, war nicht immer einfach und die interviewtypischen Rollenkonflikte[77] blieben nicht aus, zumal bei einigen Interviewpartnern der große Altersunterschied solche Rollenverhältnisse begünstigte. Hier stellten sich mir die Probleme des *Research Up*[78], nicht etwa auf intellektueller oder hierarchischer Ebene, sondern aufgrund der unterschiedlichen Generationszugehörigkeit.

Man sah in mir jedoch, schon allein durch die gemeinsame Muttersprache Deutsch, eine geeignete Gesprächspartnerin, die einem zuhörte. Generell versuchte ich, möglichst nahe an die Lebenswelt der Auswanderer zu kommen und ein Vertrauensverhältnis zu den Auswanderern aufzubauen. Das gelingt nur, wenn man sich als Forscher zu erkennen gibt und zugleich etwas von seiner Person preisgibt. Äußerst positiv wirkten sich meine eigenen Auswanderungsabsichten aus. Sobald ich mich als zukünftige Neuseelandauswanderin vorstellte, fühlten sich die Interviewpartner animiert, mich an ihrem Wissensvorsprung und Erfahrungsschatz teilhaben zu lassen. Somit kam ich Girtlers Vorstellung einer optimalen Kommunikationssituation schon sehr nahe: „Das Ideal wäre, wenn der Forscher den Gesprächspartner dazu bringt, ihn als jemand anzusehen, dem man etwas erzählen und erklären ‚muss'."[79] So blieb es nicht aus, dass die Experten anboten, mir mit Rat und Tat zur Seite zu stehen und auch im Interview praktische Ratschläge an mich richteten.[80] Durch meine eigene Auswanderungsabsicht wurde ich zu einer der Ihren, einem Gruppenmitglied in der Auswanderer-*Community*. Als Dankeschön dafür, dass sich die Auswanderer Zeit für das Interview und mich genommen hatten, bekam jeder einen kleinen Adventskalender im Postkartenformat geschenkt, den ich aus Deutschland mitgebracht hatte. Außerdem schickte ich jedem eine Dankes-E-Mail und gab allen das Versprechen, ihnen die Magisterarbeit zu schenken.

Die teilnehmende Beobachtung

Die teilnehmende Beobachtung war für mich ein wichtiges Instrument, die Interviewaussagen zu ergänzen und einzuordnen sowie den Alltag der Auswanderer mitzuerleben. Beispielsweise nahm ich die Einrichtung der Häuser meiner Interviewpartner in Augenschein. Oft konnte ich die bei der Hausführung entdeckten Gegenstände im Interview als Beispiele einbauen und so den Interviewpartnern gedanklich auf die Sprünge helfen. Durch die oft mehrtägigen Aufenthalte bei den Auswanderern war es mir quasi nebenbei möglich, Elemente des Alltags der Deutschen in Neuseeland zu beobachten: Welche Sprache wird in der Familie gesprochen? Was wird gekocht? Wie werden die Mahlzeiten eingenommen? Wie ist das Freizeitverhalten? Ist der Freundeskreis gemischt oder eher deutsch? Deshalb versuchte ich, die Interviewpartner in ihrem Haus zu interviewen, was mit wenigen Ausnahmen[81] auch gelang.

Außerdem fand ich es wichtig, die Aussagen über Neuseeländer und Neuseeland zu verifizieren, indem ich informelle Gespräche mit *Kiwis* und schon länger in Neuseeland lebenden Deutschen führte, um einschätzen zu können, ob es sich bei bestimmten Meinungen der Interviewpartner um Vorurteile oder Fakten handelte.

Alle relevanten Aussagen vor oder nach dem Interview, die nicht auf Tonband aufgenommen werden konnten oder solche, die nicht während der Tonband-aufnahme geäußert worden waren, wurden im Feldtagebuch notiert. Aber auch subjektive Eindrücke, nonverbale Reaktionen, Beobachtungen, Empathie-Emp-findungen, Unbehagen, die ich bei meinen Interviewpartnern oder mir bemerkte, wurden dort reflektiert. Das Feldtagebuch sehe ich, wie Bernard, als unabdingbares Instrument eines jeden Feldforschers an:

„You absolutely need a diary in the field. It will help you deal with loneliness, fear, and other emotions that make fieldwork difficult."[82]

Das Sampling

Die Transkripte der Interviews und die Notizen im Feldtagebuch bilden die Mate-rialgrundlage für die Studie. Da ich aufgrund der immensen Materialfülle von fast 700 Seiten transkribierter Interviews nicht alle 25 erhobenen Interviews für das Buch verwenden konnte, möchte ich hier nun meine Vorgehensweise bei der Aus-wahl der relevanten Interviews beschreiben.

Von den sechs auswanderungswilligen Parteien[83], die ich zwischen August und Oktober 2005 in Deutschland interviewen konnte, gelang es mir, drei nach ihrer Ankunft in Neuseeland nochmals zu interviewen. Diese drei Vorher-Nach-her-Interviews sind das Herzstück der Studie. Zusätzlich führte ich auf meiner fünfwöchigen Feldforschungsreise in Neuseeland Interviews mit 16 Auswande-rern, die ihren Wohnsitz schon längere Zeit in Neuseeland hatten, wobei sich der Zeitraum von gerade mal vier Monaten bis elf Jahre erstreckte. Das Sample sollte jedoch möglichst aus ‚frisch eingewanderten' Deutschen bestehen, die sich zum einen noch detailliert an ihr Gepäck erinnerten, zum anderen zur ungefähr gleichen Zeit eingereist waren, um die Vergleichbarkeit der Ergebnisse sicherzu-stellen. Bei zwölf Interviewpartnern in Neuseeland traf es dann auch zu, dass sie zum Zeitpunkt des Interviews höchstens drei Jahre in Neuseeland lebten.

Während meiner Feldforschung in Deutschland und Neuseeland führte ich insgesamt 25 Interviews mit 22 Interviewparteien. Das weitere Sampling erfolgte bei der Selektion der Interviews für die Analyse:

Von den Erstinterviews in Neuseeland, die sich durch die Anbahnung via Internet eher zufällig ergeben hatten, wurden zehn Interviews nach den Kriterien Auswanderertypus (Alter, Dauer des Aufenthalts in Neuseeland, Gepäckart), Inhalt des Interviews und Tonqualität ausgewählt. Diese Interviews liegen allesamt im Volltranskript vor. Ergänzend wurde ein Experteninterview mit Christina Busch, der Leiterin der Geschäftsstelle des Raphaels-Werks in Berlin, geführt. Vom Probeinterview, den Gesprächen mit einer jungen, alleinstehenden Frau[84], die mit der Absicht auszuwandern nach Wellington ging, und einem Interview mit einer Auswanderin der 1950er Jahre[85] wurden Gesprächsprotokolle angefertigt, die jedoch nicht in das Sample aufgenommen wurden. Das für die Studie relevante Sample umfasst also 16 Interviews mit 13 Auswandererparteien und ein Experteninterview. Mein Interview-Sample setzte sich aus 17 Auswanderern, sechs Männern und elf Frauen im Alter von 24 bis 47 Jahren zusammen.

	Anzahl der Interview-parteien	Interviews nur in Deutschland	Vorher-Nachher-Interviews (D und NZ)	Interviews nur in Neuseeland	Anzahl der Interviews
Insgesamt	22	3	3	16	25
Davon in der Studie verwendet	13	0	3	10	16

Tabelle 2: Übersicht: Erhobene und in der Studie verwendete Interviews

Die Altersstrukur und Geschlechterverteilung setzte sich wie folgt zusammen:

Alter (in Jahren)	24	31	32	33	35	37	40	43	47	gesamt
Männer	0	3	0	1	1	0	1	0	0	6
Frauen	1	2	1	3	0	1	0	2	1	11
Personen gesamt	1	5	1	4	1	1	1	2	1	17

Tabelle 3: Übersicht: Alters- und Geschlechterverteilung der Probanden

Die Auswertung der Interviews

Das erhobene Material in diesem Buch, auf das ich in dieser Studie meine Analyse aufbauen möchte, umfasst 30 Stunden Tonbandaufnahmen, 697 Seiten transkribierter Interviews, etwa 40 Seiten Feldtagebuch und 16 Fragebögen mit persönlichen Daten der Interviewpartner. Im Schnitt dauerten die Interviews etwa 120 Minuten[86]. Die Interviews wurden im Wortlaut mit allen Füll- und Fragepartikeln, Versprechern, dialektalen Färbungen und Pausen transkribiert, was drei Monate Zeit in Anspruch nahm.

Im Anschluss wurden sie mehrmals durchgelesen, miteinander verglichen und nach Themenkomplexen sortiert. Die Gliederung drängte sich nach der Sichtung des Materials regelrecht auf. War ich vorher allein an der Dingbedeutung der mitgenommenen Objekte interessiert, öffnete sich nun mein Blick hin zum Umgang mit der Habe und der Bedeutung der reduzierenden beziehungsweise erhaltenden Maßnahmen. Der nächste logische Schritt war folglich die Codierung der Interviews nach den aufgestellten Kategorien. Die Interviewzitate sind durch kursive Schrift kenntlich gemacht, englische Ausdrücke sind im Zitat nicht-kursiv hervorgehoben. Ich zitiere im Wortlaut, sofern es mir jedoch nicht bedeutungsvoll erschien, habe ich die Füllwörter und Pausen als Beitrag zur besseren Lesbarkeit geglättet. Es wird darauf hingewiesen, dass die Zeichensetzung nicht nach den Grammatikregeln erfolgt ist, sondern nach Redefluss und Stimmvariation nach folgendem Schema:

- Komma (,) signalisiert eine Atempause.
- Spiegelstrich (-) steht für eine 2 Sekunden lange Pause.
- mehrere Spiegelstriche hintereinander (---) werden zu einer längeren Pause addiert.
- Ein Schrägstrich (/) steht für jedes Wort, das unverständlich war.
- In Doppelklammern (( )) dahinter wird die mutmaßliche Bedeutung genannt.
- Ein Punkt (.) wird gesetzt, wenn die Stimme nach unten geht.
- Ein Fragezeichen (?) wird gesetzt, wenn die Stimme nach oben geht.

2. Die Auswanderung von Deutschen nach Neuseeland gestern und heute

Die ersten Europäer

Bevor ich auf die Geschichte der deutschen Einwanderung in Neuseeland zu sprechen komme, möchte ich einen kurzen Abriss der neuseeländischen Besiedlungsgeschichte geben.

Der erste Europäer, der die beiden Inseln im Südpazifik entdeckte, war der Holländer Abel Tasman im Jahr 1642. Beim einzigen Landungsversuch in der Golden Bay wurden drei Männer aus Tasmans Crew getötet. Die Holländer verloren nach diesem Vorfall zunächst das Interesse an den Inseln, die sie ‚Niuew Zeeland‘ nannten. Somit blieben die Maori, die ‚Aotearoa‘[87] bereits etwa 850 Jahre früher (um das Jahr 800) entdeckt und sich dort angesiedelt hatten, weitgehend ungestört, bis 1769 der Engländer James Cook eintraf und das gesamte Land für die britische Krone in Anspruch nahm. Waren die abgelegenen Inseln der Antipoden zunächst nicht interessant genug gewesen, um dort eine britische Kolonie zu bilden, fühlten sich die Briten bald im Zugzwang: Die Franzosen unternahmen erste Ansiedlungsversuche in Akaroa, und

Während der Feldforschungsreise besuchte die Autorin die Waitangi Treaty Grounds in der Bay of Islands, wo auch ein zeremonielles Kanu der Maori, Waka Ngatokimatawhaorua, ausgestellt ist. Es ist eines der größten Maori-Kanus der Welt und benötigt 76 Paddler.

Deutschland zeigte Interesse an den benachbarten Chatham Inseln. Dadurch fühlten sich die Briten zur demonstrativen Inbesitznahme Neuseelands gezwungen. Mit dem ‚*Treaty of Waitangi*‘ im Jahr 1840 begann die planmäßige Besiedlung Neuseelands durch die Engländer.

Der ‚*Treaty of Waitangi*‘[88] ist ein Vertrag zwischen der englischen Krone und Maori-Stämmen, der den Maori Schutz vor anderen Kolonialmächten garantierte und im Gegenzug den Briten Landerwerb für Siedlungen erlaubte.

Um eine möglichst britische Kolonie zu schaffen, war die Immigrationspolitik der Regierung darauf bedacht, möglichst viele britische Siedler zu gewinnen.

Die Neuseelandauswanderer zwischen 1836 und 1936

„Die ersten deutschen Ansiedlungsversuche gehen auf Walfänger zurück, die sich 1836 in Periaki Bay auf der Banks Peninsula niederließen."[89] Man darf also davon ausgehen, dass die deutsche Einwanderung zeitgleich mit der planmäßigen Besiedlung Neuseeland durch die Engländer einsetzte, wenn auch in viel geringerem Maße. In der französischen Ansiedlung Akaroa bei Christchurch befanden sich ebenfalls ein paar deutsche Familien. Die deutschen Einwanderer waren jedoch bis 1842 beziehungsweise 1844, als die ersten beiden deutschen Auswandererschiffe mit etwa 125 Deutschen an Bord in den Hafen von Nelson einliefen, eher die Ausnahme. Infolge der Goldfunde auf der Südinsel wurden ab 1850 zahlreiche deutsche Einwanderer angelockt. Dadurch stieg auch die „Missionstätigkeit der Norddeutschen Missionsgesellschaft"[90].

„Bis zum Ausbruch des Ersten Weltkrieges waren etwa 20 000 Deutsche [nach Neuseeland] eingewandert"[91], wo sie sich bessere wirtschaftliche Bedingungen erhofften, oft aber schwierige Verhältnisse in einem noch kaum erschlossenen Land vorfanden. Immerhin konnten sie dort relativ unbehelligt von den Behörden die deutsche Kultur und Sprache in deutschen Schulen, Kirchen und Vereinen pflegen. Erst während des Ersten Weltkriegs gerieten die deutschen Einwanderer, obwohl sie bei der Einreise nach Neuseeland britische Staatsbürger geworden waren, unter Generalverdacht und wurden überwacht und teilweise interniert. Das führte dazu, dass viele Deutschstämmige ihren Namen ändern ließen, damit es englischer klang und sie weniger als Deutsche auffielen.

Die Neuseelandauswanderer zwischen 1936 und 1996

Der Einwanderungszeitraum zwischen 1936 und 1996 ist deckungsgleich mit dem Untersuchungszeitraum der Volkskundlerin Brigitte Bönisch-Brednich. Da sie die meines Erachtens differenzierteste Periodisierung der deutschen Auswanderung nach Neuseeland vornimmt, werde ich mich im Folgenden auf ihre im Jahr 2002 erschienene Forschungsarbeit „Auswandern – Destination Neuseeland. Eine ethnographische Migrationsstudie" stützen.

Die deutschen Einwanderer der Jahre 1936 bis 1940 waren überwiegend jüdische Flüchtlinge und andere Verfolgte. Es kamen hauptsächlich junge Menschen, das heißt Paare, junge Familien und Mütter mit Kindern. Für sie war die Emigration kein freier Entschluss, sondern eine Notwendigkeit, denn „gehen hieß leben"[92]. Somit sind sie strenggenommen keine Auswanderer, da es die freie Wahl ist, die den Auswanderer vom Flüchtling unterscheidet. Da diese Exilanten jedoch überwiegend in Neuseeland blieben, wurden sie zu Emigranten. Sie hatten und haben einen nicht zu unterschätzenden Einfluss auf das kulturelle Leben in Neuseeland und wurden zudem als Deutsche oder deutsche Juden wahrgenommen, weshalb sie an dieser Stelle nicht unerwähnt bleiben sollen.

Die genaue Zahl der Emigranten dieser Periode ist nicht bekannt. Es wird geschätzt, dass 1100 Personen aus dem deutschsprachigen Raum zwischen 1936 und 1945 einreisen durften. Im Zeitraum von 1930 bis 1940 kamen 754 Einwanderer aus Deutschland , wobei während des Zweiten Weltkrieges die Einwanderung für Deutsche nahezu unmöglich war. Von der Unerwünschtheit der Deutschen während des Naziregimes zeugt die Internierung von verdächtigten Juden und Deutschen, so genannten ‚Enemy Aliens' auf Somes Island, im Hafen von Wellington.

Nach Ende des Zweiten Weltkrieges begann eine große Auswanderungswelle, um dem Hunger und dem Elend im zerstörten Nachkriegsdeutschland zu entkommen. Die Heimat hatten die meisten Auswanderer bereits im Krieg verloren. Die Zahlen sprechen für sich: „Zwischen 1946 und 1959 emigrierten ca. 1,4 Millionen Menschen aus dem Gebiet der Bundesrepublik Deutschland nach Übersee."[93] Es dauerte allerdings bis 1948, bis die Auswanderung der jungen Menschen zwischen 16 und 40 Jahren auch von Seiten der Staaten vorangetrieben wurde, denn bis dahin zögerten die Aufnahmestaaten noch, Deutsche aufzunehmen. Neben Sonderprogrammen für ‚Displaced Persons' etablierte sich bald die staatliche Unterstützung von Arbeitsmigranten, die Neuseeland nach Kriegsende für den Wirtschaftsaufschwung dringend benötigte.

Die Jahre zwischen 1956 und 1966 werden dann auch als die Periode der „jungen Arbeitsmigranten"[94] klassifiziert. Die ‘Assisted Migrants' wurden von der neuseeländischen Regierung angeworben und bei der Einwanderung unterstützt, indem zum Beispiel die Transport- und Reisekosten übernommen wurden. Dafür verpflichteten sich die jungen Leute zwei Jahre einen vom Staat aufgetragenen Arbeitsvertrag abzuarbeiten, der de facto den Kosten der Überfahrt oder des Fluges entsprach. Die Mehrzahl von ihnen war 20 bis 30 Jahre alt, darunter vor allem junge, ledige Frauen[95]. Die offizielle Zahl von nur 243 'Assisted Migrants' in diesem Zeitraum dürfte in der Realität weit übertroffen worden sein.

In den 1970er Jahre wandelte sich die Motivation auszuwandern von der wirtschaftlichen Notwendigkeit hin zu persönlichen und weltanschaulichen Gründen. Zudem waren die Auswanderungsentschlüsse sehr individuell geprägt: Man ließ sich von Freunden und Verwandten, die schon dort waren, locken (Kettenmigration) oder suchte nach einer Optimierung seiner Lebensqualität und wollte seine Lebensentwürfe verwirklichen. Politische Einstellung und Liebe tauchen vermehrt als Motive auf.

> „Die Entstehung des Konzeptes ‚Emigration als bewusst gestalteter Teil der Biographie' hängt auch zusammen mit einer sich global über die westliche Welt ausbreitenden Wohlstandsgesellschaft, verbesserten Transportmöglichkeiten und der Tatsache, dass Deutschland die Isolierung der Kriegs- und Nachkriegszeit überwunden hatte. Was Neuseeland in den Augen der Einwanderer nun attraktiv machte, waren nicht ökonomische Vorteile, sondern eine gewisse Exotik, viel Raum und wesentlich größere individuelle Entfaltungsmöglichkeiten."[96]

Die Individualisierung schlägt sich auch in der Charakterisierung der Einwanderergruppen nieder. Für die bisherigen Perioden gelang es Bönisch-Brednich, die Einwanderer einer Periode unter einem, höchstens zwei Labeln zu subsummieren, für die Einordnung der Auswanderer der 1970er Jahre benötigt sie jedoch fünf differenzierte Kategorien: Die Arbeitsmigranten, die ‚Rebellen', die Germanisten, die ‚Liebenden' und die Yachties [Anführungsstriche bei BBB[97], T.S.M.[98]]. Die klaren sozialen Abgrenzungen zwischen den Einwanderungsgruppen lösen sich auf und weichen den abenteuerlichen Biografien ausgeprägter Individualisten.

In den 1980er Jahren setzt sich dieser Trend fort. Die Auswanderer suchten in Neuseeland den „Traum vom alternativen Leben"[99]. Nach der Aufbruchstimmung der 70er Jahre stellte sich in Deutschland Resignation ein. Der Super-GAU von Tschernobyl war für viele der Auslöser, um Europa endgültig den Rücken zu kehren[100]. Bei der Suche nach einem geeigneten Land erschien Neuseeland als irdisches Paradies:

> „Seine isolierte Lage erschien als Garant für Sicherheit, die dünne Besiedlung des Landes versprach genug Raum für die ökologischen Bedürfnisse, das Klima galt als angenehm, und durch den von Premierminister David Lange 1986 offiziell erklärten völligen Verzicht auf Atomenergie erhielt es seine Weihen als ein kleiner vorbildlicher und mutiger Staat am ‚Ende der Welt'."[101]

Eine tolerantere Einwanderungspolitik, in der nicht mehr allein die britische Abstammung entscheidend war, erleichterte die Einwanderung von Menschen anderer Nationalitäten und führte zu einer Verdopplung[102] der Einwanderungsquote der Deutschen. Zwischen 1982 und 1991 wanderten insgesamt 2678 Deutsche ein. Neben der gezielten Auswanderung „einer umweltbewussten, politischen Klientel"[103] gerät aber zunehmend auch die erst seit den 1970er Jahren existierende Gruppe der ‚Reisenden' in den Blick. Als Folge der touristischen Erschließung Neuseelands entdeckten viele Weltenbummler die Inseln für sich und blieben häufig ‚hängen'. Das Spektrum reicht vom hochqualifizierten Familienvater über Aussteiger, ‚Liebende' bis hin zu den ‚Zufallsauswanderern', die mit Touristenvisum kamen. Die Auswanderungsgruppen unterscheiden sich also deutlich von denen der Vergangenheit. Sie gehören nicht nur privilegierteren sozialen Schichten an als die Auswanderer der 1950er und 1960er Jahre, sie nehmen sogar ökonomische Einbußen, etwa schlechtere Bezahlung und geringe soziale Absicherung in Kauf, um ihre Träume zu verwirklichen.

Die Änderung der Einwanderungsbestimmungen unter dem *Immigration Amendment Act 1991* hatte große Auswirkungen auf die Auswanderer der 1990er Jahre. Neben dem politischen Asyl und der Familienzusammenführung, die weiterhin Einreisegründe waren, gab es nun zwei neue Möglichkeiten, die begehrte *Permanent Residence* zu erhalten. Entweder man konnte als junger, gut ausgebildeter Mensch mit Berufserfahrung genug Punkte sammeln, um einen Antrag stellen zu dürfen, oder hatte als älterer Bewerber jenseits von 45 Jahren mindestens 500 000 NZ $, die man in Neuseeland investieren wollte, um über ein *Business*-Programm einwandern zu können. Im Zeitraum 1991 bis 1994 kamen laut Statistischem Jahrbuch der Bundesrepublik Deutschland 985 Deutsche nach Neuseeland. Diesem Einwanderungsboom steht eine hohe Rückwanderungsquote gegenüber, die Bönisch-Brednich unter anderem auf die Wiedervereinigung zurückführt, die zahlreichen ehemaligen DDR-Bürgern die Chance eröffnete, in ihr Traumland Neuseeland auszuwandern, ohne dass sie über genaue Kenntnisse über des Landes oder andere Auslandserfahrungen verfügten:

„Die Konfrontation mit dem wirklichen Leben im Südpazifik, welches sich dramatisch von den Träumen unterschied, ferner das in Neuseeland konsequent durchgeführte Reformprogramm Richtung Abbau des Sozialstaats und Aufbau eines gewinnorientierten Staatssystems, die sprachlichen Hürden u.v.m. führten zu den hohen Zahlen enttäuschter Rückkehrer."[104]

Die angeführten Gründe stimmen jedoch meines Erachtens mit denen der übrigen Rückwanderer überein und dürfen deshalb nicht auf die ostdeutschen Rückkehrer beschränkt bleiben.

Die Einwanderer der 1990er Jahre lassen sich in fünf Gruppen zusammenfassen: die Ruheständler[105], die Unternehmer, die Reisenden, die *Young Urban Migrants*[106] und die Teilzeitmigranten. Wobei letztere nicht permanent in Neuseeland leben, sondern im Halbjahresrhythmus zwischen Heimat und Wahlheimat pendeln. Somit sind sie nicht zu den Auswanderern zu zählen, sondern läuten vielmehr das „Ende von Auswanderung"[107] ein.

Auswandern nach Neuseeland im Jahr 2005

In den letzten Jahren haben die schlechte wirtschaftliche Lage und die hohe Arbeitslosigkeit in Deutschland dazu beigetragen, dass viele gut ausgebildete Deutsche nach Ländern Ausschau halten, in denen ihre Berufschancen besser stehen beziehungsweise ihre Arbeitskraft gewürdigt wird. Die Angst vor Terroranschlägen und die Sehnsucht nach besserer Lebensqualität sind ebenfalls Gründe, warum immer mehr Deutsche eine Auswanderung in Betracht ziehen. „Vom Akademiker bis zum Arbeitslosen: Immer mehr Deutsche suchen und finden einen Job im Ausland"[108], „Viele Deutsche sitzen inzwischen auf gepackten Koffern"[109] und „Deutschland ade"[110] sind nur einige Schlagzeilen der letzten Jahre. Allein im Jahr 2004 verließen 150 667 Deutsche[111] ihr Heimatland, um in der Fremde ihr Glück zu suchen. Einige werden in Neuseeland fündig, denn die Wirtschaft in Neuseeland boomt und es werden Hände ringend Arbeitskräfte gesucht; zudem ist es „weit ab vom Schuss" und gilt als Naturparadies.

Auf den *‚skill shortage lists'* stehen zudem Berufe an oberster Stelle, die in Deutschland oft kaum Zukunftsaussichten haben, beispielsweise Schreiner, Metallfacharbeiter oder Landwirt. Die Auswanderer, die aufgrund ihrer in Neuseeland raren Berufe einreisen dürfen, erinnern in ihren Motivationen und Voraussetzungen stark an die nach Deutschland gekommenen Arbeitsmigranten der 1950er und 1960er Jahre, bei denen nicht das Fernweh im Vordergrund stand, sondern das schlichte Bedürfnis nach einem Arbeitsplatz.

Viele ziehen es auch heute vor, in Neuseeland für wenig Geld zu arbeiten, statt in Deutschland arbeitslos zu werden oder mit Mitte 40 zum „alten Eisen" zu gehören, ohne jede Chance auf Wiedereinstellung. Neuseeland ist für sie weniger Traumziel als notwendiges Übel. Auch für den deutschen Staat sind die temporären und permanenten Arbeitsplätze im Ausland ein willkommenes Angebot, belasten doch die Auslandstätigen und Auswanderer nicht die bundesdeutschen Sozialkassen und treiben die Arbeitslosenquote nicht noch weiter in die Höhe. Dass es in Deutschland viele Arbeitslose gibt, die teilweise hochqualifizierte IT-ler und Ingenieure sind, weiß man selbst in Neuseeland. Umgekehrt schauen jedoch viele arbeitslose Deutsche sehnsüchtig nach Neuseeland, dem OECD-Land mit der niedrigsten Arbeitslosenquote[112], und fragen gezielt nach Stellenangeboten.

Im Oktober 2005 reagierte die Zentralstelle für Arbeitsvermittlung (ZVA) auf die große Nachfrage und veranstaltete zum ersten Mal zusammen mit neuseeländischen Firmenvertretern und der Einwanderungsbehörde *Immigration New Zealand* zwei Job Expos mit dem Titel „Job Fair: Arbeiten und Leben in Neuseeland und Australien"[113]. Ziel war es, den Kontakt zwischen arbeits- und auswanderungswilligen Deutschen und neuseeländischen Firmen herzustellen. Ich besuchte die Job Expo in Potsdam, zu der ungefähr 300 Leute angereist waren.[114]

Das Raphaels-Werk, das es sich zur Aufgabe gemacht hat, 'Dienst am Menschen unterwegs' zu leisten, war auf der Job Expo ebenfalls mit einem Stand vertreten. Viele Auswanderungswillige suchen bei der katholischen Sozialeinrichtung Rat. Christina Busch, Leiterin der Geschäftsstelle des Raphaels-Werks in Berlin, schien mir deshalb die richtige Person für ein Experteninterview zu sein.

Im Interview bestätigte Busch, dass „Arbeit" momentan einer der meistgenannten Gründe für die Auswanderung sei: „*Viele fühlen sich von Arbeitslosigkeit bedroht. - - Mag subjektiv stimmig sein, mag objektiv nicht richtig sein.*"[115] Oft ist es also gar nicht die Arbeitslosigkeit selbst, die die Menschen aus Deutschland drängt, sondern die Sorge, dass dieser Fall eintreten könnte. „*Ein anderes Motiv ist, wenn´s Familien mit Kindern sind: ,Den Kindern soll´s besser gehen'.*"[116]

Das Bedürfnis, wenigstens die ‚Zukunft der Kinder' zu sichern, sei ein „*treibendes Motiv*". Außerdem gebe es viele, die eine berufliche Herausforderung suchten:

Christina Busch: „*Häufig vor dem Hintergrund, dass die Arbeit, die hier in Deutschland gemacht wird, subjektiv nicht wahrgenommen, nicht geschätzt wird. Das sind ja durchaus qualifizierte Leute, die sich dafür interessieren. Zum Teil auch wirklich hungern nach Beschäftigung, die sagen: ,Okay, zehn, zwölf Stunden Arbeit, wo ist das Problem?' - ,Aber dann bitte auch mit Wertschätzung!'.*"[117]

Allerdings müssen zu diesen klassischen Push- und Pullfaktoren noch zahlreiche weitere persönliche Motive hinzukommen, bis jemand wirklich sein Heimatland verlässt. Die Zahl der Anfragen, die das Auswandern nach Neuseeland betreffen, nimmt jedes Jahr zu: 2002 verzeichnete das Raphaels-Werk 99 Anfragen für Neuseeland, 2003 stieg die Zahl sprunghaft auf 244 an und erreichte mit 287 Anfragen im Jahr 2005 einen neuen Rekordstand.[118] Diesen Trend bestätigte der in Wellington ansässige Einwanderungsberater Peter Hahn, der nach eigenen Angaben 350 konkrete Anfragen[119] pro Jahr aus Deutschland erhält. Allerdings sagen diese Zahlen noch nichts über die tatsächliche Anzahl der deutschen Neuseelandauswanderer aus. Denn längst nicht alle, die mit dem Gedanken spielen oder sogar professionellen Rat suchen, wandern auch wirklich aus.

> „Heimatfrust ist immer noch das häufigste Motiv für Auswanderer: Schlechtes Wetter, das wirtschaftliche Klima kaum besser, kurze Tage, lange Winter und das Gefühl, dass sich nicht mehr viel bewegt im eigenen Leben oder dort, wo man bisher zu Hause war. An trüben Novembertagen ist die Sehnsucht nach der Fremde sogar messbar. Dann schießen die Seitenzähler im Internet plötzlich in die Höhe, wühlen sich Tausende Mitteleuropäer gleichzeitig durch Foren und Infoseiten – suchen, schwärmen, träumen. Neuseeland steht bei vielen ganz oben auf der Wunschliste. Trotzdem bleibt es für die meisten beim Konjunktiv: Eigentlich müsste man auswandern."[120]

Peter Hahn schätzt, dass von den 350 Interessierten nur 15 bis 20 tatsächlich auswandern, wovon dann durchschnittlich ein Migrant wieder nach Deutschland zurückwandert, weil sich seine Erwartungen in Neuseeland nicht erfüllt haben. Legt man die Statistiken der Statistischen Jahrbücher der Bundesrepublik Deutschland zugrunde, ergibt sich ein etwas anderes Bild des Verhältnisses von Auswanderern und Rückwanderern. Auch hier ist ein kontinuierlicher Anstieg bei den „Fortzügen aus Deutschland nach Neuseeland" erkennbar. Seit 1980 wurden jährlich ungefähr 200 Neuseelandauswanderer registriert, in den 1990er Jahren stieg die Zahl sprunghaft auf über 400 Auswanderer an mit einem Zwischenhoch im Jahr 1997 mit 433 Auswanderern. 2000 und 2001 wanderten wieder knapp 400 Deutsche nach Neuseeland aus. Diesen Zahlen stehen die „Zuzüge [Deutscher] aus Neuseeland" gegenüber, die oft nur geringfügig unter den Auswandererzahlen liegen. Im Jahr 1992 gab es sogar eine negative Auswanderungsbilanz: Die Zahl 238 Neuseelandauswanderer wurden von 275 Rückwanderern übertroffen, was einer Rückwanderungsquote von 116 % entspricht. Die hohen Rückwandererquoten sind zum einen auf die Registrierung von temporären Arbeitskräften sowie deutschen Studierenden in Neuseeland zurückzuführen, zum anderen darauf, dass sich zahlreiche Auswanderer nicht in Deutschland abmelden[121], sondern ihren Wohnsitz beibehalten und demnach in keiner Auswanderungsstatisik verzeichnet sind. Es ist außerdem anzunehmen, dass auch die Zahl der tatsächlich in Neuseeland eingewanderten Deutschen deutlich höher liegt, was neuseeländische Statistiken[122] nahe legen.

Insgesamt leben in Neuseeland „unter etwa 550 000 Ausländern rund 10 000 Deutsche"[123]. Durch die freiwilligen Angaben zum Wohnort, auf denen die Statistiken beruhen, und die Einwanderung mit temporären Visa kommen also Abweichungen zustande.

Für das Jahr 2002 werden 455 Fortzüge nach Neuseeland aufgeführt, in der aktuellen Statistik von 2005 [124] sogar 569. Es gibt also so viele Neuseelandauswanderer wie nie zuvor, denen mit 306 Einträgen vergleichsweise wenig Rückwanderer gegenüber stehen.

Zwei Ursachen liegen der steigenden Attraktivität Neuseelands als Auswanderungsziel der Deutschen zugrunde: Zum einen profitiert Neuseeland von dem schlechten Arbeitsmarkt in der Bundesrepublik, zum anderen ist das kleine Land am anderen Ende der Welt durch den Tourismus als Reiseziel bekannter geworden, was bei vielen den Traum vom Auswandern erst weckt.

Ein dritter Grund für die steigenden Einwandererzahlen von Deutschen in Neuseeland soll im Folgenden näher beleuchtet werden. Es handelt sich um die neuseeländische Einwanderungspolitik, deren Paradigmenwechsel sich anhand der Änderungen des Einwanderungsgesetzes nachvollziehen lässt.

Das neuseeländische Einwanderungsrecht

Seit Beginn der planmäßigen Besiedlung Neuseelands im Jahr 1840 wurden in der britischen Kolonie[125] Engländer als ‚ideale Einwanderer' bevorzugt. „Die große Ausnahme dieses bis Mitte der 50er Jahre strikt durchgehaltenen ‚ethnischen Reinheitsgebotes' bildete der [...] Sondervertrag[126] mit den Niederlanden"[127]. Erst in den 70er Jahren zeigte sich eine tendenziell offenere Haltung gegenüber nicht-britischen Einwanderern, weil der kleine Staat seiner negativen Bevölkerungsbilanz entgegenwirken musste. Das Problem des *brain drain*, also der Abwanderung junger, gut ausgebildeter Neuseeländer nach Europa oder Australien, wo sie bessere Verdienstmöglichkeiten vorfinden, ist bis heute nicht gelöst, kann aber durch gezielte Zuwanderung ausgeglichen werden. Ein einheitliches Einwanderungsgesetz gab es indes nicht:

> „Die Erteilung einer Einwanderungserlaubnis hing nach wie vor allein von der persönlichen Entscheidung des Ministers für Immigration ab und folgte keineswegs einem überpersönlichen Beurteilungsschema."[128]

Eine grundlegende Veränderung für die neuseeländische Einwanderungspolitik brachte der *Immigration Amendment Act 1991*. Seitdem gibt es objektive Regeln, die für alle Einwanderer, unabhängig von ihrer Herkunft gelten. Auch Asiaten, die bisher latent benachteiligt waren, haben durch die neuen Bestimmungen die gleichen Chancen auf Einwanderung. Natürlich aber nur, wenn sie die strengen Auswahlkriterien erfüllen, denn der neuseeländische Staat, der sich zunehmend wirtschaftlich ausrichtete, ist nur an jungen und hochqualifizierten Einwanderern interessiert. Daneben gibt es jedoch weiterhin die Möglichkeit, aufgrund von Familienzusammenführung oder politischem Asyl das Bleiberecht zu erhalten.

Die Einwanderungsbestimmungen

Für Deutsche gibt es mehrere Möglichkeiten, nach Neuseeland einzuwandern[129]. Die Mehrzahl nutzt die *Skilled Migrant Category*, *Family Category* oder temporäre Visa als Eintrittskarte ins Land.

Die *Skilled Migrant Category* basiert auf einem Punktesystem, das sich aus dem Lebensalter, der Ausbildung und der Berufserfahrung zusammensetzt. Die Bewerber können ihre Punktzahl zudem erhöhen, indem sie über ein *Job Offer* oder Arbeitserfahrung in Neuseeland verfügen. Bonuspunkte gibt es für diejenigen, die einen Arbeitsplatz außerhalb von Auckland vorweisen können, einen auf der *Skills Shortage List* aufgeführten Beruf ausüben oder enge Verwandte in Neuseeland haben. Um überhaupt einen Einreiseantrag stellen zu dürfen, muss man beim so genannten *Expression of Interest*, einer Art Vorantrag, mit dem man bekundet, dass man bereit ist einzuwandern, mindestens 100 Punkte erreichen. Alle Bewerbungen werden 14 Tage lang in einem *Pool* gesammelt. Die besten werden daraus gezogen und dürfen nun ihren Antrag stellen, bei dem sie diesmal auch die Originaldokumente einreichen. Erst wenn die Pässe mit dem Aufkleber „*Permanent Residence*" zurück sind, kann die Übersiedlung folgen.

Bei der *Residence Permit* gibt es verschiedene Klassen, nämlich das unbeschränkte, mit dem man ein lebenslanges Recht erwirbt, in Neuseeland leben und arbeiten zu dürfen, außerdem das beschränkte *Residence Permit* und das *Work to Residence Permit*, die beide auf zwei Jahre Dauer befristet und mit Auflagen verbunden sind.

Bereits in dieser kurzen Beschreibung zeigt sich die Komplexität und Langwierigkeit des Einwanderungsprozesses. Nicht ohne Grund beauftragen viele Auswanderungswillige einen Immigrationsberater, der sie unterstützt.

Für ältere Bewerber, die für die *Skilled Migrant Category* schon aufgrund ihres Alters[130] nicht in Frage kommen, aber noch unter 54 Jahre alt sind, müssen über hohe finanzielle Mittel verfügen, um eine Daueraufenthaltserlaubnis für Neuseeland zu erhalten. In der *Investor Category* muss man mindestens zwei Millionen NZ $ (etwa eine Million Euro) als Investitionssumme besitzen und bereit sein, dieses Geld dem neuseeländischen Staat über einen Zeitraum von fünf Jahren zur freien Verfügung zu stellen. Darüber hinaus sind weitere Mittel notwendig, um den Lebensunterhalt in Neuseeland während dieser fünf Jahre zu bestreiten. Nach Ablauf der Frist bekommt der Investor sein Geld zurück und hat die *Permanent Residence* erworben.

Auch Unternehmer können ihr Glück in Neuseeland versuchen. Für die *Entrepreneur Category* ist die Erstellung eines *Business*-Plan erforderlich, der geprüft und gegebenenfalls zunächst für neun Monate genehmigt wird. Innerhalb dieser Zeit muss man seine unternehmerischen Fähigkeiten, ein Geschäft zu etablieren, unter Beweis stellen, damit man die *Permanent Residence* beantragen kann. Der Antrag ist zweigeteilt: Zuerst muss der Unternehmer eine *Long Term Business Permit* beantragen, mit der er drei Jahre lang sein Unternehmen aufbauen kann. Danach kann der Antrag auf *Permanent Residence* positiv beschieden werden, sofern sich der Unternehmer erfolgreich etabliert hat.

Neuseeländer und Deutsche, die seit mindestens drei Jahren die *Permanent Residence* oder die neuseeländische Staatsbürgerschaft besitzen, können ihre engen Verwandten unter der *Family Category* nachholen. Darunter fallen Eltern, Geschwister, Kinder, Ehepartner oder gleichgeschlechtliche Partner. Der nicht-neuseeländische Partner erhält zunächst eine Arbeitserlaubnis für zwei Jahre und muss die ‚Stabilität der Beziehung‘ nachweisen, bevor die *Permanent Residence* bewilligt wird.

Für temporäre Aufenthalte in Neuseeland gibt es verschiedene *Permits*. Das *Work Permit* gestattet es, einem Ausländer, der ein Arbeitsplatzangebot hat, für das kein geeigneter Neuseeländer gefunden werden konnte, für drei Jahre in Neuseeland zu arbeiten. In Einzelfällen ist eine Verlängerung möglich. Diese Kategorie nützt vor allem den Arbeitgebern in Neuseeland, die auf diese Weise ihren Bedarf an ausländischen Arbeitskräften, zum Beispiel in der Gastronomie oder im Tourismus, decken können. Außerdem gibt es das *Work to Residence Permit*, das auf zwei Jahre befristet ist, für folgende Klientel: Angestellte von bestimmten internationalen Firmen, denen es gestattet ist, ihre Mitarbeiter aus Übersee zu rekrutieren; talentierte Sportler, Künstler und Kulturschaffende, die Koryphäen auf ihrem Gebiet sind; Ausländer mit Berufen, an denen Neuseeland langfristig Bedarf hat und die auf der *Long Term Skill Shortage List* verzeichnet sind.

Wer unter 30 Jahre alt ist, kann das *Working Holiday Scheme Visa* (*WHS*) beantragen, das es jungen Menschen aus einigen ausgewählten Ländern, darunter auch

Deutschland, erlaubt, während des maximal zwölfmonatigen Aufenthalts in Neuseeland die Urlaubskasse durch Arbeit aufzubessern. Beliebt ist dabei vor allem das so genannte *Wwoofing* (*Willing Workers on Organic Farms*), weil man dabei Land und Leute kennen lernt. Da die bisherige Beschränkung, nur maximal drei Monate bei einem Arbeitgeber arbeiten zu dürfen, aufgehoben ist, nutzen viele die Chance ein Jahr Berufserfahrung in Neuseeland zu sammeln, um danach einen Antrag auf *Permanent Residence* zu stellen.

Ferner besteht die Möglichkeit, ohne Visum als Besucher einzureisen. Damit ist ein Aufenthalt von bis zu drei Monaten möglich, sofern man ausreichende Geldmittel für den Lebensunterhalt und ein gültiges Rück- oder Weiterreiseticket vorweisen kann. Der Aufenthalt kann in bestimmten Fällen auf bis zu neun Monate verlängert werden. Diese Option wird nicht nur als Sprungbrett für den Antrag auf *Permanent Residence* genutzt, sondern ist auch eine der wenigen Möglichkeiten für Neuseelandbegeisterte über 55 Jahre, wenigstens zeitweise in ihrem Traumland zu leben.

Die *International/Humanitarian* Kategorie ist für Flüchtlinge vorgesehen und kommt daher für Deutsche nicht in Frage.

Das Kontingent an akzeptierten Zuwanderern wird von der neuseeländischen Regierung jährlich neu festgelegt und verteilt sich wie folgt auf die drei gefragtesten Kategorien: Ca. 60% wandern unter der Kategorie *Skilled/ Business Stream* ein, 30% kommen mit dem *Family Sponsored Stream* und 10% sind anerkannte Flüchtlinge, die unter der Kategorie *International/ Humanitarian Stream* einreisen dürfen.[131]

Auswanderung als Lebensstilphänomen

Die Auswanderung der Deutschen nach Neuseeland entwickelte sich seit den 1970er Jahren, wie Bönisch-Brednich und Eisenberger übereinstimmend zeigen, zum Lebensstilphänomen. Neben dem Bestreben, in Neuseeland einen individuellen und relativ unreglementierten Lebensstil im Einklang mit der Natur entfalten zu können, taucht im Jahr 2005 wieder ein aus dem 19. Jahrhundert und der Nachkriegszeit des 20. Jahrhunderts bekanntes Motiv auf: Die Suche nach besseren Arbeitsbedingungen als im wirtschaftlich geschwächten Deutschland. Das Zusammenspiel verschiedener Faktoren und persönlicher Motivationen für die aktuelle Auswanderung nach Neuseeland will das folgende Kapitel aufzeigen.

Warum Neuseeland? Die Motivationen der Interviewpartner

Bei der Entscheidung zur Auswanderung spielen immer biografische, berufliche und individuelle Aspekte eine Rolle. Um die Motivationen zur Auswanderung, die Bleibeabsichten und das Einleben in Neuseeland nachvollziehen zu können, ist es meines Erachtens notwendig, einen Einblick in die individuellen Auswandererbiografien zu bekommen. Deshalb sollen die für die Studie relevanten Auswanderer in ihrer Komplexität und Individualität einzeln, in willkürlicher Reihenfolge vorgestellt werden. Wo es sinnvoll erscheint, gebe ich die Interviewpartner mit ihren eigenen Worten wieder.[132]

Vanessa Beutler[133], 24 Jahre, und Helmut Pfefferle, 31 Jahre

Zehn Tage vor ihrem Abflug nach Neuseeland traf ich Helmut und seine Freundin Vanessa in einer Kleinstadt bei Ludwigsburg. Zufällig war ich bei der Schlüsselübergabe von Helmuts Wohnung zugegen. Das Interview fand dann in einem Café statt.

Die fixe Idee in Neuseeland zu leben, hatte Helmut während seines Neuseelandurlaubs 2004. Er absolvierte einen Sprachkurs in Auckland und war insgesamt sechs Wochen in Neuseeland, Vanessa kam für drei Wochen dazu, und sie entdeckten Neuseeland gemeinsam. Zurück in Deutschland, hat Helmut den Gedanken erst *„verdrängt"*, aber als er die Möglichkeit sah, mit einem Stipendium für ein Jahr das Auswandern zu probieren, war er begeistert. Die Erfahrung fremd zu sein, ist für das junge Paar nicht neu. Sie waren schon oft für mehrere Monate in fernen Ländern. Nach seinem 30sten Geburtstag[134] wollte Helmut ins Ausland, für ihn kam nur ein *„englischsprachiges Land"* in Betracht, also wählte er Neuseeland als Ziel: *„Mir haben schon immer gesagt des würde uns reizen sowas zu machen und jetzt ham alle Umstände sozusagen noch mitgespielt."*[135] Ein Schlüsselerlebnis gab es dabei nicht, meint Helmut: *„Ha, ich denk´ des war einfach der Reiz, der Reiz was Neues zu entdecken."*[136]

Obwohl beide mit einem befristeten *Work-Visa* einreisten, plant zumindest Helmut in Neuseeland sesshaft zu werden. Vanessa steht der Auswanderungsabsicht ihres Freundes unentschlossen gegenüber, zumal sie ihr Studium in Deutschland noch nicht beendet hat und erst mal für sechs Monate mitgeht.

Außer dem Reisegepäck schickten die beiden auch ein paar Umzugskisten im Container eines anderen Auswanderers mit. Hauptsächlich nahmen sie Haushaltsgegenstände und Sportgeräte mit nach Neuseeland.

Das zweite Interview mit Vanessa und Helmut führte ich in ihrer neuen Wohnung in Wellington, etwa drei Monate nach ihrer Ankunft. Helmut hatte bereits von Deutschland aus einen Arbeitsplatz gefunden, den er als Praktikum deklarierte, damit er ein Stipendium bekam. Vanessa jobbte in einem Copy-Shop, vermisste aber ihre Familie und Freunde sehr. Sie tröstet sich, dass die Entscheidung nicht unwiderruflich ist: *„Wir ham ja die Option, wenn´s nach dem halben Jahr uns einfach net gefällt, dann kommen wir halt wieder zurück."* In der Zwischenzeit haben sich beide gut eingelebt, und Vanessa hat beschlossen, ihre Diplomarbeit in Neuseeland zu schreiben.

Lars Seidel, 33 Jahre, und Justyna Seidel, 31 Jahre

Lars hat schon anderthalb Jahre mit seinen Eltern in Saudi-Arabien gelebt und Justyna war ein Jahr lang als Au-Pair in den USA. Beide wollten unbedingt wieder ins Ausland, am liebsten nach Amerika. Aber die USA konnte die gewünschte Lebensqualität nicht bieten. Justyna beschreibt ihre Motivation wegzugehen als Bauchgefühl:

> *„Also, ich hab irgendwie so, so ´n bisschen ne Unruhe in mir. Ich muss irgendwie nochmal was machen. Also, nicht so sesshaft, jetzt hier so mit Haus undsoweiter, sondern noch mal ´n bisschen woanders sein, und leben."*[137]

Als dann Lars' befristete Doktoranden-Stelle an der Universität im Fachbereich Informatik auslief und er seine Promotion nicht beenden wollte, schauten sie sich nach Alternativen um. *„Und dann gab es plötzlich im ‚Stern' einen Bericht über deutsche Auswanderer.",* erinnert sich Lars, darunter Neuseeland als Destination. Die Neugier war geweckt, und die beiden verbrachten im Februar 2004 vier Wochen in Neuseeland. *„Wir hatten nie die Idee ‚Auswandern' am Anfang",* sagt Lars, eigentlich hätten sie nur ein Visum gewollt, das es ihnen erlaubt hätte, uneingeschränkt in Neuseeland zu leben. Aufgrund des Alters kam für sie nur noch die *Skilled Migrant Category* und nicht das *WHS* in Frage. Um auf Nummer sicher zu gehen, nahmen sie sich einen Immigrationsberater, und tatsächlich hatten sie bald darauf die *Permanent Residence* im Pass.

> Lars Seidel: *„Und ich würde das, was wir machen, auch gar nicht als Auswandern bezeichnen. Wir wollen ins Ausland! Wir wollen uns wirklich die Option offenhalten, drei Jahre, vier Jahre, für zehn Jahre, vielleicht für ein Jahr, rüberzugehen."*[138]

Erst kurz vor Abflug wurde ihnen angesichts der Reaktionen von Familienangehörigen bewusst *„dass das Auswandern ist, eigentlich unterm Strich".* Für Justyna, die in Polen geboren worden ist, stellt Neuseeland eine weitere Station ihres Lebens dar, und auch die Erfahrung, es in der Fremde zu schaffen, ist ihr ebensowenig neu

wie Lars. Die beiden könnten sich also gut vorstellen in ein anderes Land weiter-
zuwandern.

Als ich sie sechs Wochen vor ihrer Abreise in einer norddeutschen Großstadt
interviewte, waren sie noch damit beschäftigt, ihren Hausrat zu verkaufen, denn sie
wollten nur ihr Reisegepäck mitnehmen und ein paar Kisten per Post vorausschi-
cken. Der Rest sollte vorerst in Deutschland bleiben.

In Neuseeland hatten sie sich erst mal bei deutschen Auswanderern einquar-
tiert, um in Ruhe entscheiden zu können, wo sie sich dauerhaft niederlassen
wollen. Kurz nach ihrer Ankunft traf ich sie dann in Auckland wieder und beglei-
tete sie auf der Suche nach dringend benötigten Dingen. Beim Interviewtermin
– Lars und Justyna hatten sich zwischenzeitlich in Wellington angesiedelt – waren
sie schon fünf Wochen in Neuseeland, hatten gerade eine Wohnung bezogen und
Lars hatte eine gut bezahlte Arbeitsstelle angetreten. Obwohl Lars und Justyna so
lange in Neuseeland bleiben können, wie sie wollen, haben sie sich selbst eine Frist
von drei Jahren gesetzt. Sollte es dann einen der beiden nach Deutschland zurück
ziehen, steht ihnen die Rückkehr offen. Jedenfalls kann nicht einer dem anderen
die ‚Schuld‘ an der Auswanderung in die Schuhe schieben, denn, so Lars: *„Wir
haben beide gleichzeitig die Maustaste zum Versenden der E-Mail* [für den Einreiseantrag, T.S.M.] *gedrückt“.*

Britta Rösner, 43 Jahre, und Ulrich Hendriksen, 31 Jahre

Nachdem das Paar die ‚Herr der Ringe‘-Trilogie im Kino gesehen hatte, gab es nur
noch einen Wunsch: So schnell wie möglich nach Neuseeland! Im Januar 2005
brachen sie zu einer dreiwöchigen Neuseelandreise auf, die auch den Gedanken,
dorthin auszuwandern, kurz aufflackern ließ. Zurück in Deutschland, holte sie
jedoch die Realität wieder ein, denn Ulrich war trotz Weiterbildungen an einem
Punkt seiner Karriere angelangt, wo er nicht mehr weiter noch oben konnte, im
Gegenteil, er fühlte sich von Arbeitslosigkeit bedroht. Ulrich erinnert sich: *„Liest
man halt da in so ner neuseeländischen Onlinezeitung so: ‚3,6 Prozent Arbeitslosigkeit, händeringend Leute gesucht,‘ ne, kommt man ja schon ins Grübeln.“* Zahlreiche Bewerbungen auf bessere Posten verliefen ergebnislos und auch Brittas
Arbeit bei der Stadtverwaltung wäre *„die nächsten 20 Jahre“* unverändert eintönig
geblieben. Der Gedanke *„Das kann´s jetzt doch nicht gewesen sein!“*, sagt Ulrich,
war dann auch der Auslöser, konkrete Auswanderungspläne zu schmieden. Just
am Tag seines 31sten Geburtstags bekam Ulrich das *Working-Holiday-Visa*,
Britta darf mit dem Touristenvisum neun Monate bleiben. Ein Lottogewinn von
100 000 Euro kam Britta gerade gelegen, um die Übergangszeit in Neuseeland zu
finanzieren. Ein dreiviertel Jahr *„Auswandern auf Probe“* soll zeigen, ob sie tat-

sächlich übersiedeln wollen. Vorerst nahmen sie nur ihre Koffer mit und schickten ein paar Kisten per Post voraus.

Als ich Britta und Ulrich in einem Hotel in der Nähe von Frankfurt traf, hatten sie noch drei Tage bis zum Abflug und waren guter Dinge. Vor allem Britta schwärmte von Neuseeland, hatte aber auch für die mögliche Rückkehr vorgesorgt: Die Eigentumswohnung hat sie behalten, den Hausrat eingelagert und ihre Arbeitsstelle kann sie nach neun Monaten unbefristetem Urlaub auch wieder antreten. Für Ulrich sieht das anders aus: Er hat seinen Job gekündigt und die meisten Sachen bei ebay versteigert.

Zwei Monate nach ihrer Landung auf neuseeländischem Boden besuchte ich die beiden in Auckland, wo sie sich eine Wohnung gemietet hatten. Doch von der Euphorie am Anfang war bei Britta nicht mehr viel übrig. Ziemlich ernüchtert von der Kriminalität in Auckland, der Leichtbauweise der Häuser und dem mangelnden Umweltschutz in Neuseeland hatte sie beschlossen, schon vor Ablauf ihres Visums nach Deutschland zurückzugehen[139]. Auch ihren Hund, den sie vorübergehend in einer Hundepension untergebracht hatte, vermisste sie schmerzlich. Unter Umständen bedeutet die Rückkehr auch das Ende der Beziehung mit Ulrich, denn der hatte schon gute Freunde und einen Job gefunden, der ihn der ersehnten *Permanent Residence* näher brachte. Vielleicht war der Geldsegen eher ein Fluch, äußert Britta mir gegenüber, denn dadurch fehle ihr der Druck, *„es in Neuseeland schaffen zu müssen."*

Jutta Kaiser McKenzie, 43 Jahre

Wenn Jutta gefragt wird, warum sie nach Neuseeland gegangen ist, sagt sie schmunzelnd: *„Ja, der Liebe wegen. (lacht) Weil ich mich in einen Neuseeländer verliebt habe, via Internet."* Denn eigentlich hatte sie nie vor auszuwandern und schon gar nicht nach Neuseeland. *„Ich hab nich mal daran gedacht, aus Berlin wegzugehen."* Vor allem wegen ihrer damals vierjährigen Tochter, die trotz der Trennung eine sehr enge Bindung zu ihrem Vater hat, wollte sie die Hauptstadt nicht verlassen. Dennoch stand die Entscheidung nach Neuseeland zu ziehen bald nach dem ersten Treffen in Neuseeland und der bald darauf folgenden Hochzeit fest. Juttas Mann, der ihr aus Neuseeland nach Berlin gefolgt war, fühlte sich als *Kiwi* nicht so recht wohl in der Großstadt. Und Jutta war mutig genug, den Schritt zu wagen: *„Andernfalls werd ich immer denken: ‚Was wär´ geworden, wenn ich da hingegangen wär.´ Und - - das wollt´ ich gern ausleben. Ich wollt´ wissen, wie´s is!"*

Im April 2005 flogen die drei nur mit Reisegepäck los. Eine 5m³-Box mit Kinderspielzeug, Lieblingsdingen und Erbstücken kamen per Schiff nach. Am Anfang war die Umstellung von Großstadt auf ‚*Small-Town New Zealand*‘ für Jutta groß und sie fühlte sich isoliert. Die gelernte Artzhelferin und Sozialpädagogin, die zuletzt als Produktionsassistentin bei einem Fernsehsender gearbeitet hatte, war plötzlich ohne Aufgabe und mangels Führerschein sehr von ihrem Mann abhängig. In der Zwischenzeit ist Jutta, nunmehr mit Führerschein, mobil und sieht den Umzug nach Neuseeland als Chance sich neu zu orientieren. Sie hat sich dem örtlichen Kunstverein angeschlossen und würde gern anfangen sich schriftstellerisch oder künstlerisch zu betätigen. Ihre Tochter, die mittlerweile in die Schule geht und schon mehr Englisch als Deutsch spricht, hat sich schnell angepasst. Auch der gemischte Freundeskreis wächst zusehends.[140] Ob Jutta immer in Neuseeland bleiben möchte, weiß sie noch nicht. Aber sie wird sowieso jedes Jahr mindestens einmal nach Deutschland reisen, damit ihre Tochter ihren Vater sehen kann. Da wird das Heimweh nicht so groß.

Sandra Buck, 33 Jahre

An dem Punkt im Leben, wo man eigentlich sesshaft wird, hat das Schicksal für Sandra und Norbert anders entschieden. Eigentlich wollten sie für sich und die beiden Buben ein „*Häusle*" bauen, aber stattdessen wurde ihnen die Wohnung gekündigt und Norberts Arbeitsplatz fiel dem Stellenabbau zum Opfer. Sandra erinnert sich:

> „*Und irgendwie war´n wir uns eigentlich völlig unschlüssig, was wir jetzt eigentlich machen und - - ja auch frustriert und, irgendwie so den Boden unter den Füßen weggerissen! Und dann auf einmal kam Norbert vom Einkaufen, (lachend) das weiß ich noch ganz genau! Norbert kam vom Einkaufen, mit ´ner Zeitschrift, dem ‚Stern' - und hat die mir auf den Tisch gelegt und hat gesagt: Du, was hälsch ´n davon? Und halt als Titelseite ‚Auswandern'.*"[141]

Nach der Lektüre des Artikels waren Neuseeland und Paraguay im Rennen, weil dort die Einwanderungshürden nicht so hoch waren wie in Australien. Dort hatte es ihnen im Urlaub gut gefallen, also wollten sie lieber in den Südpazifik, zumal man mit einer *Permanent Residence* in Neuseeland auch in Australien leben kann. Aus der fixen Idee wurden konkrete Pläne, nachdem sich die Familie beim Raphaels-Werk informiert und eine Einwanderungsberaterin beauftragt hatte. Zufällig stand Sandras Beruf Bauzeichnerin gerade auf der *Shortage-List* in Neuseeland, so dass sie trotz mangelnder Englischkenntnisse einreisen durften. Doch vorher schauten sich die beiden das Land zum ersten Mal für zwei Wochen als Touristen an. Als sie dann mit den Kindern und der Absicht auszuwandern im Februar 2004 nach Neuseeland kamen, gestaltete sich die Jobsuche jedoch schwieriger als gedacht: Die mangelnden Sprachkenntnisse wurden zum Hindernis und das Geld immer knapper. Erst nach einem Ortswechsel von Nelson nach Christchurch fand Sandra einen Arbeitsplatz, Norbert betreute die Kinder und betätigte sich in seinem erlernten Beruf als Metzger, um sich ein kleines Geschäft aufzubauen. Nach sechs Monaten hatten sie sich so weit etabliert, dass sie einen Container mit Möbeln und Hausrat nachholen konnten. Doch die ganze Situation überforderte Sandra und sie hatte Depressionen. Ein paar Wochen Urlaub in Deutschland haben ihr geholfen zu erkennen, dass ihr Lebensmittelpunkt nun in Neuseeland ist: „*Momentan gehör´ ich nich nach Deutschland!*"

Nicole Greve, 32 Jahre

Die Beziehung zwischen Nicole und Neuseeland begann vor sieben Jahren, als die damals 20-Jährige kurz nach dem Abitur 1994 eine Stelle als Au-Pair-Mädchen in Auckland annahm. „*Und wie der Zufall oder das Schicksal so will, hab´ ich ´n Kiwi kennen gelernt*", schmunzelt Nicole. Kurz vor Ablauf ihres halben Jahrs Auszeit bekam sie sogar völlig unerwartet einen Heiratsantrag von ihm, den sie aber ablehnte. Schließlich wollte sie zurück zu ihrer Familie und in Deutschland studieren:

> „*Bin dann zurückgeflogen, und dann kam irgendwie das böse Erwachen. Meine Mutter hatte sich grade von meinem Vater getrennt. Alle meine Freunde waren auf einmal in alle Himmelsrichtungen verstreut.*"[142]

Sie hatte Sehnsucht nach Neuseeland. Als sie das trübe Wetter im Norden Deutschlands und die mürrischen Menschen nicht mehr aushielt, rief Nicole in Auckland an und fragte, ob der Heiratsantrag noch gültig sei. Nachdem die beiden auf Fidschi geheiratet hatten, konnte Nicole problemlos nach Neuseeland einreisen und dort leben. Doch nach fünf Jahren Ehe und Studium in Neuseeland hatte sie das Gefühl, in Deutschland etwas verpasst zu haben. Nicole trennte sich von ihrem Mann und ging 1999 nach Deutschland zurück. Das Fernweh kam aber regelmäßig nach drei Monaten, und 2001 hielt es Nicole nicht mehr aus:

> „*Dann bin ich nach Neuseeland geflogen, hab Urlaub gemacht fünf Wochen, und irgendwie war dann klar, ich bin hier gelandet, hab den* Skytower *gesehen und hab´ gedacht: ‚Ich bin zuhause.'*"[143]

Der Entschluss, nach Neuseeland zurückzukehren, stand schon fest, da lernte die Hotelfachfrau in Deutschland ihren jetzigen Partner, einen Koch, kennen und verwarf ihren Plan vorerst. Ein Jahr später berichtete sie ihm von ihren Auswanderungsplänen und er war sofort begeistert. Im August 2003, Nicole war mittlerweile im zweiten Monat schwanger, zogen die beiden nach Neuseeland, um dort zu leben. Dank Nicoles früher erworbener *Permanent Residence* konnte sie ihren Partner *sponsern*, und beide können nun problemlos in Neuseeland leben und arbeiten. Ihre persönlichen Sachen haben sie in einem *Liftvan* verschifft. Dass es die richtige Entscheidung war, empfanden beide, als sie zum Urlaub in Deutschland waren: *„Und nach sechs Wochen haben wir gedacht: ‚Gott sei Dank hier weg!‘“*

Claudia Ballhaus, 37 Jahre

Im Dezember 1991 war Claudia als Rucksacktouristin das erste Mal in Neuseeland und reiste zwei Monate durchs Land. Ein zweiter Urlaub folgte im Februar 2003. Die Idee vom Auslandsstudium in Dunedin kam auf, wurde dann aber verworfen: Ihr damaliger Freund wollte nicht mit und das akademische Englisch war ihr suspekt. Allerdings nahm sich Claudia damals schon vorsorglich die Einwanderungsunterlagen mit. Zuhause angekommen, beendete Claudia ihr Chemie-Studium, promovierte, heiratete und verdrängte den Gedanken an Neuseeland. Erst als ihre Ehe in die Brüche ging, kam die Idee so prompt wie ein Reflex: *„Ich hau ab nach Neuseeland!“*[144] Vorher wollte sie sich aber während einer dreiwöchigen Reise über die Südinsel im Februar 2003 darüber klar werden, ob es überhaupt noch so war, wie sie es in Erinnerung hatte:

> *„Alte Freundschaften lebten auf, als wären nie zehn Jahre dazwischen gewesen. Neue fantastische Freundschaften wurden geschlossen. Mein Entschluss stand fest. Scheidung und Auswanderung nach Neuseeland.“*[145]

Außerdem flammt eine alte Liebe zu einem Neuseeländer wieder auf, der ihr Hoffnungen auf eine Beziehung machte. Aber trotz Immigrationsberater und drei Wochen Jobsuche in Neuseeland im August 2003 war die *Permanent Residence* nicht zu bekommen. Claudia ging aufs Ganze, kündigt ihren Job und buchte sich ein Flugticket für Dezember 2003. Mit zwei großen Koffern trat sie die Reise ins Ungewisse an. Der Neuseeländer holte sie zwar vom Flughafen ab, war danach aber nie wieder gesehen. Dennoch fühlte sich Neuseeland wie „Zuhause“ an, das Gefühl, das Claudia bei der Ankunft in Auckland vor zwölf Jahren überkam, hatte also nicht getrogen. Claudia fing wieder an zu tauchen, lernte *„Fische zu töten“* und fühlte sich eins mit der Natur. Auch den Wunsch nach einem eigenen Jeep erfüllte sie sich. Mittlerweile hat Claudia ihren Traummann, einen *Kiwi*, kennen gelernt, mit dem sie auf einer Farm in der Nähe von Dunedin lebt. Ein paar Bilder und Boxen hat sie im Container einer anderen Auswanderin nachholen können. Sie hat zwischenzeitlich ihre *Permanent Residence* bekommen und überlegt sich, in zwei Jahren auch die neuseeländische Staatsbürgerschaft anzunehmen, denn der deutsche Pass wird ihr immer gleichgültiger.

Ulrike Neubauer, 31 Jahre

"In Deutschland hab ich mich immer wohl gefühlt, aber nie so, dass ich das Gefühl habe, ich möcht mich hier endgültig niederlassen in Deutschland."

Das war der Grund, warum Ulrike schon seit langem nach einem geeigneten Land Ausschau hielt. Kanada war im Gespräch, aber Neuseeland klang für sie und ihren Partner verlockender. Doch da sich beide gerade erst mit einer Eventagentur selbständig gemacht hatten, schien es ihnen nicht der richtige Zeitpunkt zum Auswandern zu sein. Im November 2002 bereisten sie Neuseeland zum ersten Mal und testeten das Land gezielt auf seine Tauglichkeit als potentielles Auswanderungsziel. In Wellington konsultierten sie dann auch einen Einwanderungsberater, um ihre Chancen einschätzen zu lassen. Zurück in Deutschland, machten sie ihre Papiere für die Beantragung der *Permanent Residence* fertig, aber als nur noch ein Dokument fehlte, schloss die Einwanderungsbehörde ihre Pforten, um ein völlig neues Einwanderungssystem zu präsentieren. Nach dem neuen System reichten Ulrikes Punkte nicht aus, um einreisen zu dürfen, aus Altersgründen kam aber ihr Partner nicht als Hauptantragsteller in Betracht. Nach allen Bemühungen und finanziellen Anstrengungen, die sie unternommen hatten, war der Frust groß. Nach fast einem Jahr Hoffen und Bangen dann endlich die frohe Nachricht: Der Visums-Aufkleber ist im Pass, *„jetzt kann´s losgehen"*.

Im Oktober 2005 flog Ulrike mit zwei Koffern voraus nach Auckland. Ihr Partner hatte vor, die letzten Aufträge in der Nähe von Frankfurt zu erledigen, nach Sri Lanka zu einem Kongress zu fliegen und Weihnachten in Neuseeland zu verbringen. Danach war geplant, dass er nach Deutschland fliegt, den Container packt und dann Ende Januar 2006 nachkommt. Als ich Ulrike im Dezember 2005 in Auckland traf, war sie gerade vier Wochen da, wohnte bei deutschen Auswanderern, die sie schon vorher kannte und erholte sich erst mal vom Auswanderungsstress. Ulrike sagt von sich selber: *„Ich muss einfach sagen, ich bin so´n kleiner Perfektionist, und ich bin so ein - Superdeutscher sozusagen"*, und ist überzeugt, dass sie in Deutschland bei ihrer Arbeitsbelastung mit einem Magengeschwür hätte rechnen müssen. Ein guter Grund für sie, Deutschland zu verlassen. *„Ich glaube, dass Neuseeland mir gut tut (bedeutungsvolle Pause). Um von diesem Perfektionismusanspruch runterzukommen."* Auch für den geplanten Nachwuchs sieht sie in Neuseeland eine bessere Zukunft und Umwelt, immerhin ist Neuseeland ,*a nuclear-free country*'. Aber obwohl beide Partner ihre Karriereambitionen etwas zurückfahren wollen, haben sie vor, sich zu engagieren, vielleicht bei Greenpeace: *„Also wir wollen uns hier nicht raushalten und sagen: ,Hier nur zurücklegen und lasst uns in Ruhe'. Im Gegenteil."*

Thomas Peters, 40 Jahre

Bei Thomas stand nicht der Wunsch auszuwandern im Vordergrund: „Das war kein Entschluss, auszuwandern, sondern meine berufliche Situation war so, dass ich gedacht habe, ich muss mich sowieso weltweit bewerben." Thomas ist Sozialökonom und war gerade dabei zu habilitieren. Die Jobaussichten in Deutschland sahen alles andere als rosig aus, da kam im Sommer 2002 eine Stellenausschreibung der *University of Auckland* per E-Mail *„vorbeigeflogen"*. Seine Frau bestärkte ihn, sich nach Neuseeland zu bewerben, denn obwohl sie nie zuvor dort waren, hatten sie *„sehr positive Vorurteile"*. Trotz mehrerer Jahre Studium und Lehrtätigkeit in den USA hatte Thomas beim Telefoninterview mit dem *Kiwi*-Akzent Probleme. Die Stelle hat er trotzdem bekommen. Thomas' Frau flog im November 2002 nach Auckland, um sich nach einer Bleibe für die Familie umzusehen. Im Januar 2003 landete der Rest der Familie Peters, das heißt Thomas und die drei Kinder (13, 9 und 7 Jahre alt) zum ersten Mal in Neuseeland. Nur der Hund musste vorerst in Deutschland bleiben. Der Umzug samt Container wurde von der Uni, die Thomas auch bei seinem Visumsantrag unterstützte, organisiert und bezahlt. Ihm wurde ein Dreijahres-Arbeitsvisum ausgestellt, das er nach einem Jahr in Neuseeland gegen die *Permanent Residence* eintauschte. Obwohl Thomas als *Senior-Lecturer* nicht so viel verdient, wie er anderswo verdienen könnte, und seine Frau unter ihrer Qualifikation - sie ist studierte Biologin - als Busfahrerin arbeitet, haben sie ihre Entscheidung nicht bereut. Mittlerweile denken sie sogar darüber nach, die neuseeländische Staatsbürgerschaft anzunehmen, schließlich fühlen sie sich heimisch in Neuseeland: Sie leben idyllisch mit Meerblick, die Kinder haben ein Pferd bekommen, und den Hund haben sie auch nachgeholt.

Daniel Trust, 31 Jahre

Ein Auslandsstudium verschlug Daniel vor sieben Jahren nach Neuseeland. Dass sein Reisebegleiter, ein großer blauer Koffer, damals mehr als 40 Kilogramm wog, ist ihm heute peinlich. Denn mittlerweile ist Daniel ein Verfechter des „travel light, *maximal 15 Kilo"*. Diese Erkenntnis hat Daniel einer amerikanischen Neuseeländerin, Susan, zu verdanken, die er während seines Studiums in Auckland kennen lernte. Die beiden haben sich in Neuseeland ineinander verliebt und waren fast ein Jahr zusammen, als Daniels Auslandsjahr zu Ende ging. Susan ist ihm nach Deutschland gefolgt und als ihr Visum nach anderthalb Jahren ablief, haben sie kurzentschlossen geheiratet.

   Als Daniel gerade seine Magisterarbeit in Amerikanistik abgegeben hatte, beschlossen sie, erst mal ein Jahr auf Weltreise zu gehen. Sechs Monate davon wollten sie bei Susans Familie in Colorado verbringen. Vorsorglich besorgte sich

Daniel die *Greencard* für die Vereinigten Staaten, aber dort zu leben stand nie zur Debatte.

Wieder in Deutschland, arbeitete Daniel drei Monate, bevor er sich sicher war: *„Nee, das is´ es alles nich´ mehr. Das is alles zu, ja weiß ich nich, zu eng, alles zu busy, macht keinen Spaß!"* Die Entscheidung fiel zugunsten Neuseelands, und Anfang 2002 ließ sich das junge Paar in einem ruhigen Vorort von Auckland nieder. Den *„Lifestyle"* in Neuseeland will Daniel nicht mehr missen. Wie ein richtiger *Kiwi* verbringt er jede freie Minute beim Surfen und veranstaltet sehr gern *Barbecues* mit Freunden. Auch ansonsten kann man sich viel von den Neuseeländern abschauen, findet Daniel, zum Beispiel, dass man materielle Dinge nicht so wichtig nimmt. Daniel hat sich sehr gut integriert: Englisch geht ihm inzwischen schon besser über die Lippen als Deutsch, selbst seinen Namen spricht Daniel Englisch aus. Er arbeitet als Informatik-Dozent an der Uni und fühlt sich eigentlich wie ein Neuseeländer, würde die *„deutsche Pünktlichkeit"* nicht so tief in ihm drin stecken. Trotzdem spielt er mit dem Gedanken, ein paar Jahre in Australien oder Japan zu leben: *„Aber dauerhaft nach Deutschland? - - Könnt´ ich mir im Moment nich´ vorstellen."*

Cornelia Meyer, 47 Jahre

Das Häuschen der Meyers ist eine umgebaute Garage. Aber als sie 2002 in Neuseeland ankamen, haben sie auch nicht nach einem schönen Haus gesucht, sondern nach einem großen Stück Land mit Regenwald und Baumfarnen, wo man keinen Autolärm hört, sondern nur den Gesang der Tuis. Mitten in dieser Idylle im tropischen Norden Neuseelands wollten der Gerüstbauer und die gelernte Buchhändlerin eine *Health and Holiday Farm* eröffnen. Bis dahin beschlossen sie, sich vorübergehend in der Garage einzurichten. Dass daraus drei Jahre werden würden, *„konnte ja keiner ahnen"*. Torsten und Cornelia kannten Neuseeland aus dem Urlaub und hatten damals schon den Wunsch, dort zu leben. Das Erlebnis, *„mit dem 11. September, wo dann wirklich auch alles so explodiert is"*, war der Auslöser, nach Neuseeland zu gehen:

> *„Wo wir gesagt haben: Was wollen wir eigentlich? Wir wollen Ruhe. Wir wollen Frieden in unserm Leben. Wir wollen endlich mal verwirklichen, so, was so unsre Idee is´ vom Leben, und - ja, wir wollen mit der Natur leben. Und des kann man eigentlich in Deutschland nicht mehr so richtig."* [146]

Sie hatten gerade ihre Papiere für die Ausreise beisammen, da wurden die Einwanderungsbestimmungen geändert. Leute jenseits von 40 Jahren, die nicht mindestens eine Million Euro investierten, hatten fortan kaum Chancen, die Aufenthaltsgenehmigung zu erhalten, und das erforderliche Geld konnten Cornelia und Torsten nicht aufbringen, weil sie ihre Häuser nicht schnell genug verkaufen konnten. Cornelia erinnert sich an diese schwierige Zeit:

> *„Es war im Grunde alles geplatzt [...] und wir waren nur noch mit Touristenvisum hier. Und es ging nichts mehr, wir waren kurz davor, dass wir wieder zurück müssen, das war also, alles in der Schwebe.“*[147]

Zum Glück fand Torsten Arbeit bei einem Gerüstunternehmen und konnte sogar eine Innovation nach Neuseeland bringen: seine modernen Layher Modul-Gerüste. Das Gerüstmaterial allein füllte jedoch schon einen 40-Fuß-Container. Dazu kam noch ein Container mit Möbeln und persönlichem Besitz. Im dritten Container kam Torstens Aero-Oldtimer und ein Anhänger. Bis jetzt hat sie das Projekt Auswanderung schon über 50 000 $NZ gekostet und die *Permanent Residence* haben sie immer noch nicht. So gerne Cornelia und Torsten ihre Zelte in Deutschland abbrechen würden, ihr befristetes Visum zwingt sie immer wieder zur Ausreise. Andererseits müssen sie auch immer wieder nach Deutschland, um sich um ihren Besitz, etwa ihre Häuser, zu kümmern oder den Verkauf der Immobilien zu organisieren. Die Meyers sind dadurch - unfreiwillig - Pendler im Halbjahresturnus. Es ist ein ewiger Kampf für die beiden, aber den Gedanken nach Deutschland zurückzukehren oder Heimweh kennen sie nicht: *„Nee. Nie. Keinen Tag. Keinen Tag, ne?“*[148].

Cornelia und Torsten Meyer bei einem ihrer Bushwalks auf ihrem Grundstück in Northland. In dieser Idylle wollen sie eine Health-and-Holiday-Farm aufbauen und Gäste beherbergen: www.pukeko-nature-paradise.net.nz

Andreas, 35 Jahre, und Tina Graf, 33 Jahre

Das Leben von Tina und Andreas, die sich selbst als *„rastlose Menschen“* bezeichnen, war bisher sehr bewegt und zählt viele Stationen in verschiedenen Ländern. Seit sie sich auf der Hotel-Management-Schule in London kennengelernt haben, waren sie kaum länger als ein halbes Jahr an einem Ort. Die gebürtige Ostdeutsche sagt: *„Für mich stand immer fest, dass ich nicht in Deutschland leben werde.“* Andreas, ein ‚Wessi‘ konnte sich dem anschließen, er träumte von Südafrika. Bis er 1996 einen *Kiwi* in London traf, der ihn mit dem ‚Neuseeland-Fieber‘ infizierte: Andreas fuhr drei Monate mit dem Fahrrad kreuz und quer über die beiden Inseln und verliebte sich in die beeindruckende Landschaft. Jetzt galt es nur noch, Tina zu überzeugen. Auf der gemeinsamen Radtour durch Neuseeland haben die beiden 1999 spontan in der Wildnis geheiratet, und weil sie als Managerpaar in einem bayerischen Restaurant angeheuert wurden, blieben sie gleich da: *„Und dann sind wir direkt ausgewandert!"*, erzählt Andreas.

Im März 2000, sechs Monate nach der Einreise, hielten sie schon ihre *Permanent Residence* in Händen und ließen sich ihre Lieblingsdinge in ein paar Kisten per Schiff nachschicken. Aber die Entfernung zu den Eltern und nach Europa machte Tina, die Einzelkind ist, am Anfang schwer zu schaffen: Vier Wochen lang hat sie jeden Morgen *„geheult vor Heimweh"*. Da war es gut, dass die Zeit der Isolation absehbar war, denn den neuseeländischen Winter nutzten die beiden, um in Hotels in Deutschland, der Schweiz und Südfrankreich Geld zu verdienen. Den weiten Flug verbanden Tina und Andreas immer mit interessanten Zwischenstopps und haben so siebenmal die Welt umrundet.

Als Tinas Vater starb, kehrte das Paar 2002 nach Europa zurück und lebte in der Schweiz. Danach ging es wieder nach Neuseeland. Vor einem Jahr haben sie ein Café in einer Kleinstadt auf der Südinsel gekauft. Dann war auch die Zeit reif, den Container nachzuholen, in dem auch Andreas' alter Mercedes verschifft wurde. Nach sechs Jahren Leben aus Kisten ist somit der Hausrat endlich wieder komplett.

Die anfängliche Neuseelandeuphorie ist inzwischen einer nüchternen Haltung gewichen, so Andreas: *„Es gibt* Pros - und Cons! *Also - (einstimmig mit Tina) das Paradies gibt's nich!"* Trotzdem liebäugeln die beiden manchmal damit, die Schweiz zur Wahlheimat zu machen. Neuseeland gefällt ihnen, *„aber wir wissen nich, ob's unsere letzte Station sein wird!"*, wirft Tina ein. Um das herauszufinden, haben sich die Grafs eine Frist von fünf Jahren gesetzt. Bis dahin wird man sehen, wie sich der Touristenboom auf die Region auswirken wird. In fünf Jahren wird sich das Geschäft etabliert haben und der Nachwuchs, der beim Interview noch unterwegs war, wird schulpflichtig. Spätestens dann wollen sie entscheiden, wo sie dauerhaft leben wollen.

Frauke Lindemann, 33 Jahre

„Und ich hab immer früher gesagt: ‚Ich werd' nie im Leben in ein englisches Land ziehen!' Weil ich die Sprache so unerträglich finde!" Aber es kam anders. Frauke hat in München und Berlin Geophysik studiert, promovierte in Barcelona und ging als *Postdoc* in die Schweiz. Seit sechs Jahren lebt Frauke schon nicht mehr in Deutschland. Völlig unverhofft kam per E-Mail das Jobangebot aus Neuseeland und Frauke bewarb sich, ohne je dort gewesen zu sein. Die neuen Kollegen kannte sie schon

von internationalen Konferenzen, aber zum Vorstellungsgespräch musste sie trotzdem persönlich erscheinen. Vier Tage verbrachte sie dann in Wellington und verschaffte sich einen kurzen Eindruck. Keine einfache Entscheidung:

> *„Also irgendwie hab´ ich mir schon gedacht dass Neuseeland auch nich´ ganz so mein Fall is´, weil´s halt irgendwie so provinziell und Holzhüttchen und nich´ weggehen und keine Großstädte und überall Schafe und so. Aber schön is´ es halt doch. Und der Job is´ wahnsinnig interessant. Und irgendwie hab´ ich gedacht: ‚Mach ich des mal, ich muss ja nich´ mein Leben lang hier bleiben.‘"*[149]

Im August 2004 kam Frauke mit einem 20-Kilogramm-Rucksack, den sie für ihre vorherige Europareise gepackt hatte, in Neuseeland an. Im Container, der drei Monate nach ihr eintraf, war *„sozusagen alles, was ich hatte!"*, sagt Frauke. Ihr Arbeitgeber zahlte den Umzug, so dass Frauke einfach all ihre Klamotten, Bücher, Möbel und Musik einpackte. Allerdings hat sich bei ihr gar nicht so viel ansammeln können, weil sie bei jedem Umzug immer großzügig aussortiert hat. Frauke hat sich verpflichtet, für zwei Jahre bei der neuseeländischen Firma zu arbeiten. Was Zukunftspläne anbelangt, ist sie unentschlossen. Die Arbeit macht ihr Spaß und ist gut bezahlt, aber: *„Im Moment denk ich ja, irgendwann wegzugehen."* In den 14 Monaten, die sie schon in Neuseeland wohnt, war Frauke zweimal für insgesamt sechs Wochen in Europa. Jedesmal verbindet sie den Beruf mit dem Privaten, besucht ihren Freund in Italien, die Eltern in Deutschland und hält Vorträge, wenn möglich in Spanien. Manchmal bezahlt der Tagungsveranstalter auch die Reisekosten. Wenn es Frauke wieder nach Europa ziehen sollte, dann mehr nach Spanien als nach Deutschland. Die nötigen Vorkehrungen hat sie auch schon getroffen: Ihre Eigentumswohnung in Barcelona hat sie nicht aufgegeben, sondern samt Inventar an eine Freundin vermietet. Rückkehr nicht ausgeschlossen.

Zusammenfassend lassen sich folgende Motive der interviewten Auswanderer in folgende Kategorien einteilen:

- Jobangebot
- Liebe/ Partnerwahl
- Alternativer Lebensentwurf
- Persönliche Herausforderung
- Verbundenheit zum Land
- 'Flucht' aus dem deutschen Alltag

Die komplexen Bastelbiografien[150] der Auswanderer und die Verquickung von persönlichen Motiven und äußeren Umständen zeigen aber, dass diese Vereinfachung dem Entscheidungsprozess nicht gerecht wird. Ebensowenig lassen sich die individuellen Beweggründe mit dem klassischen Modell von Push- und Pullfaktoren beschreiben.

Auf eine Typisierung der Auswanderer nach den Kategorien der Motivationen soll verzichtet werden, weil die Zuschreibungen nur bei wenigen voll zutreffen, bei vielen nur teilweise und andere Auswanderer in mehrere Kategorien gleichzeitig passen. Die aufgestellten Kategorien können jedoch eine Orientierung geben, welche Beweggründe bei den heutigen Auswanderern überwiegen.

Bei den befragten Auswanderern, die mit Anfang 30 beschließen, nach Neuseeland zu ziehen, ist die Befürchtung, in Deutschland ein langweiliges und monotones Leben auf unabsehbare Zeit zu führen, ausschlaggebend:

Justyna Seidel: *„Also, die Motivation, oder der Entschluss wirklich, zu sagen, wir wollen mal was anderes machen, der kam im Grunde wie so ´n Schlüsselerlebnis. (lacht) Wir beide guckten uns dann so mal morgens beim Frühstück an und ham irgendwie so gesagt: ‚Das soll jetzt die nächsten 35 Jahre so weitergehen?‘ – ‚Nee. Hm. Das kann´s nicht sein!‘"*[151]

Man will dem Alltagstrott entfliehen und zieht rechtzeitig die Notbremse, indem man sich räumlich von Deutschland distanziert und damit zugleich vom allgegenwärtigen Typus des *„meckernden Deutschen"*, der man keinesfalls selbst werden möchte. Hinzu kommt, dass durch die prekäre Jobsituation in Deutschland ein Umzug innerhalb Europas sowieso sehr wahrscheinlich wäre, weil andernfalls Arbeitslosigkeit droht. Dem will man entgegenwirken, indem man freiwillig in ein anderes Land geht. Neuseeland übertrifft andere, in den Interviews häufig erwähnte Länder wie die USA, Kanada, Norwegen und Australien als Auswanderungsziel, weil es neben grandioser Landschaft einen guten Arbeitsmarkt bietet und sich die sprichwörtlich freundlichen *Kiwis* auch aus dem weltpolitischen Geschehen weitgehend heraushalten.

Frust und Flucht sind indes kaum Motive der heutigen Auswanderer meines Samples. Alle betonen ihr gutes Verhältnis zu Deutschland und zu ihren Familien. Vielmehr beabsichtigen sie, ihren Bastelbiographien eine außergewöhnliche Note zu verleihen, wie das Justyna Seidel betont:

„Und wirklich einfach mal zu sagen: ‚Ich hab´ was Besonders gemacht in meinem Leben. Wirklich mal was gewagt und [...] das jetzt einfach mal gemacht.‘"[152]

Die Ähnlichkeit meiner Kategorien mit Bönisch-Brednichs ‚Young Urban Migrants' und den ‚Liebenden' zeigt, dass sich durch die Globalisierung und die technischen Vereinfachungen wie das Internet der Trend der 1990er Jahre verstärkt fortsetzt. Bönisch-Brednich beschreibt in ihrer Untersuchung, wie junge Leute durch Reisen oder das Wwoofing in Neuseeland ‚hängenbleiben'. In meinem Sample findet sich noch eine weitere, bisher nicht erwähnte, Variante: das Auslandsstudium.[153] Zahlreiche deutsche Studierende nutzen die Möglichkeit, während des Studiums für ein Semester oder länger nach Neuseeland zu gehen. Da sie dabei nicht nur die Sprache perfektionieren, sondern auch vergleichsweise einfach Freundschaften mit Neuseeländern[154] schließen, sind die Erfolgschancen dieser Auswanderer recht groß. Dasselbe gilt für die Migration als Folge eines Schüleraustauschs oder Schuljahres[155] in Neuseeland. Obwohl das 'Auswandern auf Probe'[156] sehr beliebt ist, wie aus der Vorstellung der Interviewpartner hervorgeht, finden sich auch noch klassische Formen von Auswanderung, so dass meines Erachtens das „Ende der Auswanderung" nicht erreicht ist.

Entscheidungshilfen

Die Auswanderer, die ich kennen gelernt habe, hatten sich allesamt sehr gut auf ihre Auswanderung vorbereitet. Geschichten von Abenteurern, die Hals über Kopf ausgewandert sind, weil sie einen Bericht über Neuseeland gelesen haben, werden zwar immer wieder erzählt, sind aber aufgrund der strengen Einwanderungs- und Zollbestimmungen in der Realität kaum möglich. In meinem Sample gab es zwei Parteien, die einen Artikel über Neuseelandauswanderer als Auslöser nennen, doch beide hatten sich durch Auswandererliteratur und Internetforen informiert, zusätzlich einen Einwanderungsberater konsultiert und sich das Land auf einer Urlaubsreise angeschaut. All diese Bemühungen von Seiten der Auswanderer dienen als Entscheidungshilfen. Zum einen, um sich darüber klar zu werden, ob Neuseeland das bietet, was man sucht. Zum anderen, um herauszufinden, welche Gepäckauswahl zu treffen ist, das heißt welche Dinge man in Neuseeland problemlos erwerben kann und welche man besser aus Deutschland mitbringt.

Cornelia Meyer: „Eijeijeijeija, da ham wir auch lange gegrübelt und geguckt und im Forum und auch hier in Neuseeland Recherchen gemacht, ne. So: ‚Was kriecht man hier? Was is´ hier billiger? Was is´ in Deutschland billiger? Was muss man noch organisieren? Was nicht?' Und so. Und wir waren ja vorher

*insgesamt viermal hier, das erste Mal war die Hochzeitsreise. Und dann sind
wir noch dreimal rüber, um so diverse Sachen einfach klar zu kriegen.*" [157]

Urlaub in Neuseeland

Der Urlaub in Neuseeland weckt bei vielen Touristen erst den Wunsch, dorthin auszuwandern. Der Reiseverkehr nach Australien und Neuseeland hat seit den 1970er
Jahren stark zugenommen, was vor allem auf die Senkung der Flugpreise und den
steigenden Bekanntheitsgrad durch Diashows und ähnliches zurückzuführen ist. In jüngster Zeit hat Neuseeland durch die ‚Herr der Ringe'-Filme eine
weltweite Popularität erlangt, die meh-
rere Tausend Touristen anlockt.

Für manche Auswanderer steht
jedoch der Entschluss, nach Neuseeland auszuwandern, an erster Stelle,
und erst, wenn man sich seiner Sache
sicher ist, bereist man das Land, um
einen geeigneten Wohnsitz oder eine
Arbeitsstelle zu finden. Ulrike Neubauer und ihr Mann haben Neuseeland
als Auswanderungsziel bereist:

Der Urlaub in Neuseeland weckt bei vielen Deutschen erst den Traum auszuwandern. Kein Wunder
bei der malerischen Landschaft, wie hier im Abel
Tasman National Park auf der Südinsel.

Ulrike Neubauer: *„Das aber auch
nicht nur auf rein touristische Ziele
hin, sondern, schon, ja, [dass wir] mal durch Wohngebiete gefahren sind, mal
die Zeitung gelesen haben auf Stellenanzeigen hin, den Wohnungsmarkt angeschaut haben, die* Shopping Malls *nicht nur dahin besucht haben, was wir
jetzt abends im* Camper *kochen, sondern auch, dass man so ein Gefühl hat,
welche Shampoos die Leute hier nehmen etc. (lacht). Also einfach um mal so
ein Gefühl zu bekommen.“*

Eine ähnliche Intention hatte Lars Seidel auf seiner Neuseelandreise:
Lars Seidel: *„[...] wir wollten nach Neuseeland fahren damals, weil wir uns
das Land angucken wollten, und zwar, wir haben versucht, es nicht aus den
Augen des Touristen zu sehen. Sondern wir wollten mit Leuten in Kontakt
treten. Also, wir ham viele Leute getroffen dort, wir haben viele Bekanntschaf-*

ten, das sind also auch zum Teil Leute, zu denen wir also bis heute noch Kontakt haben. Um halt einfach zu sehen: ‚Wie leben die Leute da?'"[158]

Bewusst oder unbewusst vergleichen die Reisenden die Produktpalette Neuseelands mit der deutschen. Man darf davon ausgehen, dass jeder Einwanderer eine Matrix des für ihn Selbstverständlichen in sich trägt, der er alles Ungewohnte als Fremdes gegenüberstellt: „Das Eigene erscheint als objektive Konstante, von der aus das Andere beschrieben werden kann."[159]

Neben denen, die auf der Urlaubsreise den Entschluss fassen, auszuwandern, und jenen, die ihren Auswanderungswunsch durch eine Urlaubsreise überprüfen wollen, existiert noch eine weitere Gruppe von Auswanderern, die den Urlaubsreisen als Entscheidungshilfen ablehnend gegenübersteht. Bei Thomas Peters scheiterte die geplante Urlaubsreise an der Finanzierung der Flugtickets für die fünfköpfige Familie. Er schickte seine Frau voraus, um ein geeignetes Haus zu suchen, erntete aber mit seiner Gelassenheit Unverständnis bei seinen deutschen Mitmenschen.

Thomas Peters: „‚Ich würde erst mal hinfahren und mal gucken.' Die machen erst mal 'n Urlaub da, wir ham auch schon so Leute gehabt, die so 'n Auswandern geplant haben, die dann hier bei uns auf'm Deck saßen und sich haben von uns dann alles erzählen lassen. [...] Die's dann doch letztlich nich' gemacht haben zum Beispiel, ne, so 'n Arztehepaar. - - - Ja: ‚Ich würde ja erst mal gucken!' oder ‚Habt ihr Informationen eingeholt?' und so. Und des ham wir eigentlich, nachdem des ziemlich klar war, gemacht. - - Bücher gelesen und so. [...] Nö, da sind wir ziemlich locker und / ((unbedarft)) gewesen."

Schließlich kann ein Urlaub das Alltagsleben in Neuseeland nur simulieren. Die Erkenntnis, dass das Leben in Neuseeland doch anders abläuft, als man es im Urlaub erlebt hatte, kommt bei manchen Auswanderern einer Ernüchterung gleich. Andere benutzen den Begriff ‚Urlaub' synonym für Auswanderung, um die Endgültigkeit dieses Schrittes zu mildern:

Britta Rösner: „Denn, es is schon, plötzlich fängste an Alpträume zu kriegen. Ja, plötzlich hmhhm (verzieht das Gesicht, windet sich) fängt man an so: (verstellt Stimme, unsicher) ‚Will ich des wirklich? Bin ich mir ganz sicher? Dass ich da unbedingt hin muss?' Und ich sag' mir immer jetzt: ‚Ich mach des als Urlaub! Ich seh des ganz locker. Ich mach da einen Urlaub jetzt, und fertig! Ich mach mir gar keinen Stress.'"[160]

Das Auswanderungsziel als Tourist zu erleben, kann also eine Entscheidungshilfe sein, wenn man bereits im Urlaub den Alltag kritisch beobachtet und sich die Frage ‚Will und kann ich hier leben?' stellt. Auch den Kulturschock kann ein Urlaub abmildern, die Erfahrung, wie es tatsächlich ist, dort zu leben, kann ein Urlaub indes nicht vorwegnehmen. Deshalb meint Daniel Trust, ohne einen längeren Aufenthalt in Neuseeland sei die Enttäuschung der Auswanderungsfreudigen vorprogrammiert:

> Daniel Trust: *„Und hier hin zu kommen und zu sagen: Ich will hier auswandern. Ohne hier mal 'ne Weile gelebt zu haben, wenigstens mal* extended holiday *gemacht zu haben und nich nur alles durch die* Holiday-*Brille gesehen zu haben – denn hier is' auch nich', längst nich' alles Gold, was glänzt. Längst nich'!"*[161]

Auswanderungsratgeber

Bei den Ratgebern für Auswanderer würde man erwarten, dass sie sich intensiv dem Gepäck widmen und den Auswanderungsinteressierten eine große Entscheidungshilfe sind. Das ist jedoch nicht der Fall. Auch hier muss sich der Leser meist mit wenig hilfreichen Gemeinplätzen der Art „[d]as muss jeder für sich entscheiden"[162] begnügen.

Peter Hahn vertritt bezüglich des Übergangs eine zu Habermas konträre Meinung, die auf seiner Erfahrung als Einwanderungsberater beruht: „[J]e radikaler der Schnitt, desto besser und schneller lebt man sich in Neuseeland ein."[163]

Eine Ausnahme stellt Antonio Elsters Buch „Neuseeland – Handbuch für Auswanderer" dar, das die Frage ‚Was mitnehmen und was nicht?' auf eher unorthodoxe Weise beantwortet: „Nun, das ist wirklich keine leicht zu beantwortende Frage. Tendenziell möchte ich empfehlen, überhaupt nichts mitzunehmen."[164] Auf zwei Seiten folgt dann die Erklärung für das puristische Statement. Es lohne sich einfach nicht, den Hausrat „mitzuschleppen", wo es doch in Neuseeland „[a]lles, wirklich alles"[165] neu oder gebraucht zu kaufen gebe. Dennoch empfiehlt er, drei Dinge mitzunehmen: „Eine europäische *Waschmaschine*, denn die neuseeländischen Geräte werden Ihren Ansprüchen nicht im mindesten genügen", ferner „*spezielle Werkstattausrüstungen und Maschinen*", weil diese in Neuseeland „relativ teuer" sind oder „mindere, billige Qualität" haben, sowie, sofern vorhanden, eine *Telefonanlage* [Hervorhebungen im Original, T.S.M.]"[166] Ansonsten rät Elster dringend davon ab, Gebrauchsgegenstände nach Neuseeland mitzunehmen: „Über das Mitnehmen oder Nachliefern von anderen Gegenständen oder Ausrüstungen nachzudenken, lohnt sich meist nicht."[167]

Eine weitere Informationsquelle und vor allem Motivationsspender sind TV-Reportagen über Auswanderer. Die Doku-Soap „Deutschland ade"[168], die erstmals im Oktober 2005 auf Arte ausgestrahlt wurde, war oft Thema bei meinen Interviewpartnern in Deutschland. Zumeist mit dem Tenor: *„Mann! Und dann hab´ ich gesagt, wenn solche Leute des schaffen können, dann schaffen wir des auch, ja! Des is´ überhaupt kein Problem!"* (Britta Rösner) [169]

Den Auswanderungswilligen sind die zahlreichen Ratgeber[170] und TV-Dokumentationen durchaus bekannt, ihre Entscheidung auszuwandern beziehungsweise die Gepäckauswahl treffen sie jedoch nicht aufgrund der Lektüre oder Rezeption. Diese Entscheidungen werden wesentlich stärker durch das eigene Urlaubserlebnis und den persönlichen Kontakt mit Auswanderern in Internetforen beeinflusst.

Internetforen

Neben Reiseführern, Auswanderungsratgebern und Informationen aus den Medien gewinnen die Internetforen eine immer größer werdende Bedeutung für die Auswanderungswilligen. Im Gegensatz zu anderen Informationsquellen erhält man hier praktische Tipps und Erfahrungsberichte von Leuten, die den Schritt der Auswanderung schon hinter sich gebracht haben. Zwar sind diese Informationen oft nicht auf dem aktuellsten Stand des sich ständig verändernden Einwanderungsrechts, dafür sind die Ratschläge aus erster Hand, was für die Auswanderungsinteressierten von großem Nutzen ist, wie Britta Rösner berichtet:

„Und ich find´s auch hilfreich, dass so viele, die schon dort sind, auch viele Tipps geben. Was nimmt man mit? Was - - Man muss schon selber seine Schlüsse aus den Tipps ziehen, das is klar. Aber es is schon sehr hilfreich eigentlich."[171]

Der Austausch im Forum erlaubt einen Blick hinter die Urlaubskulisse in den Alltag der deutschen Auswanderer, der einem sonst verwehrt bliebe. Manch idealisiertes Urlaubsbild wird hier zurechtgerückt:

Britta Rösner: *„Alles so toll hier, gell! Ja, und dann guckste mal hinter die Fassade und dann is´ dann alles doch net so toll. Da kommen dann plötzlich doch die Macken heraus, sag´ ich jetzt mal. Aber, ja, es is´ für uns doch interessant und hilfreich gewesen. [...] ,Was geht? Wo muss man hin? Ielts-Test*[172]*? Medical-Test blabla. Was muss man denn eigentlich noch auf sich nehmen?' Ich mein, die Hürden sind hoch."*[173]

Auch bei der Auswahl eines Immigrationsberaters vertrauen viele auf die Empfehlungen, die im Forum ausgesprochen werden. Die Hemmschwelle, sich professionellen Rat zu holen oder Geld an einen unbekannten Menschen am anderen Ende der Welt zu ,schicken', sinkt, wenn man von den positiven Erfahrungen anderer liest. Die Erfolgserlebnisse der anderen Auswanderer bestärken einen zudem in seinem Entschluss, es ebenfalls zu versuchen.

Für die Deutschen, die in Neuseeland leben, hat das Forum zweierlei Funktion: Erstens fühlen sich die Einwanderer verpflichtet, die guten Ratschläge, von denen sie selbst profitiert haben, an nachfolgende Auswanderer weiterzugeben und sie in mancherlei Hinsicht zu warnen. Zweitens halten sie so den Kontakt zur ,alten Heimat', werden über das Alltagsleben in Deutschland informiert und knüpfen ein Netzwerk von gleichgesinnten Deutschen in Neuseeland. Oft entstehen aus diesen anonymen Kontakten Freundschaften, man besucht sich und teilt Freud und Leid. Eine Auswanderin fasste es so in Worte: *„Andere gehen zum Stammtisch, ich gehe ins Internetforum."*[174] Gerade bei der Abgeschiedenheit, in der einige Auswanderer leben, ist das Internetforum der Draht zur Außenwelt, weil es in der Lage ist, fehlende reale Freundschaften oder Heimweh im virtuellen Raum zu kompensieren.

„Schicksalhafte Fügung"

In den Interviews wird die Entscheidung auszuwandern mehrfach als „schicksalhafte Fügung" bezeichnet. Justyna Seidel sieht es aus heutiger Sicht als puren Zufall, dass sie und Lars im Magazin ,Stern' auf Neuseeland als Auswanderungsziel gestoßen sind: *„Und dann, dann war das im Grunde so, dass wir auch durch Zufall, ne? (zu Lars) Dass du letztes Jahr im Sommer dann den* agent *[Einwanderungsberater T.S.M.] gefunden hast."*[175]

Die Deutung von solchen Zufällen als Schicksal wird in einer Interviewpassage mit Britta Rösner und Ulrich Hendriksen besonders deutlich:

Britta: *„Aber es is' toll, dass mer des so - -. Und ich hab immer gesagt: Jeder, jeder dieser Punkte, is' so, so 'n Stück weit, wo mer sacht: (eindringlich) ,Wenn es nicht sein sollte, dass wir das jetzt tun, würde das alles net so klappen, ja!' Und es hat immer so alles geklappt. Egal was es war in Bezug darauf, ja, alles funktioniert. Es is immer eine Tür aufgegangen, in jede Richtung. Egal worum's ging. Ob's darum ging, den Raum zu finden oder was wir mit den Autos machen oder des oder jenes. Es ging immer irgendwo die Tür auf und es ging immer diesen Schritt weiter. Keine Steine, keine Blockaden quasi, ja. Und des war total, wo ich gesagt hab' so, irgendwas treibt uns! Irgendwie soll des so sein!"*

Ulrich: *„Ja auch schon angefangen mit dem Visum, einfach ja!"*
Britta: *„Ja."*
T.S.M.: *„Stimmt."*
Ulrich: *„Eine Woche vor dem dämlichen Geburtstag! Warum nich´ zwei*
Monate vor dem Geburtstag? Oder eine Woche danach? (eindringlich, stak-
kato) Nein, eine Woche vorher, genau rechtzeitig, dass es noch geht! Ja. Und so
zieht sich das wie ´n Faden eigentlich durch. Es is immer ´n bisschen Stress,
immer so ´n bisschen Herzklopfen. Aber es geht, es klappt jeder, jeder Schritt!
Wie gestern, zehn vor sechs war´n wir mit der dummen Wohnung fertig! Nich
zehn nach sechs, zehn vor sechs!! (lacht)" [176]

Die eigenen Zweifel, ob die Entscheidung die richtige ist, werden durch die
Deutung des reibungslosen Gelingens als positives Zeichen verdrängt. Britta und
Ulrich sehen sich deshalb in ihrem Tun bestätigt, quasi von einer höheren Warte
unterstützt. Denn sonst würden ihnen doch Steine in den Weg gelegt werden, um
sie von ihrem Vorhaben abzuhalten, so ihre Logik, die zu dem Schluss führt:
Britta Rösner: *„Wenn man des rückwirkend so sieht, kann man immer sagen,*
jetzt weiß mer, wie des so ineinander gegriffen hat sozusagen. Also scheinbar
gibt es doch so etwas wie Vorherbestimmung oder so, keine Ahnung (lacht)." [177]

,Schicksal' wird oft dort als Erlebnisfeld gehandelt, wo normale Zusammenhänge fehlen, also ein Begründungsbedarf besteht. Ähnliches lässt sich für die
,Liebe' als übersinnlichen Bedeutungszusammenhang sagen. Diese Kompensationsstrategien dienen der Identitätskonstruktion.[178] Auch Bönisch-Brednich begeg-
nete bei ihrer Feldforschung diesen „überpersönlichen Entscheidungshilfen"[179].

Interessant ist ferner, dass Hindernisse und 'Steine im Weg' im Umkehrschluss
nicht als übersinnliche Warnung gedeutet werden. Cornelia und Torsten Meyer
haben jahrelang vergeblich um die *Permanent Residence* gekämpft, scheiterten
immer wieder an bürokratischen Hürden und mussten Visa verfallen lassen, weil
sie die Fristen nicht einhalten konnten. Es sah aus, als hätte sich alles gegen sie ver-
schworen und der Lebenstraum würde zerplatzen. Während des gesamten Interviews beteuerte Cornelia Meyer, wie glücklich sie in Neuseeland sei, doch nach
anderthalb Stunden lässt die durchblicken, dass der zähe Kampf an ihre Substanz
geht:

„Genau, manchmal denk ich dann schon: ,Ach, wenn de in Deutschland geblie-
ben wärst, hättste jetzt dein Bad und ´ne ordentliche Küche oder so (lacht)!'
Aber man vergisst es dann, das sind dann auch immer mal wieder so Tage,
ne? Wo ich dann ne Heulkrise krieg, und wo ich dann denke: ,Oh Scheiße, mir

geht das alles irgendwie auf'n Senkel!' Und dann heul ich Torsten mal wieder
die Ohren voll irgendwie. - - Aber ich weiß, es is einfach im Moment nicht zu
ändern, es ist einfach so und ich muss es auch einfach so nehmen, aber es is´
halt, ich denke es ist so der gesamte Stress, der dann manchmal so tageweise
so hoch kommt, und ich denk: ,Scheiße, ich hab kein Bock mehr! Und immer
hier das Wasser heiß machen, zum Haare waschen!' Und irgendwann (betont)
reicht´s dann wirklich so! Und dann kommt meistens alles so hoch. Dieser
ganze Megastress, das ganze Gedöns! [...] und du dann denkst: ,Ich halt des
einfach nicht mehr aus!' Ich bin auch jetzt einfach total fertig, ausgelaugt, ne?
Kriech nix mehr auf die Rippen, und ich mein, ich bin eh dünn genug [...] ich
krieg dann auch immer mal wieder, wenn ich so Megastress hab, Fieberschübe
und so was, ich kann einfach nicht mehr! Ich bin auch nicht mehr belastbar,
die Luft is komplett raus!" [180]

Trotz aller Rückschläge und Erschwernisse kommt Cornelia an keiner Stelle
auf die naheliegende Deutung ‚Vielleicht soll es nicht sein?' oder ‚Das Schicksal ist
gegen uns!'. Im Gegenteil, mit einem unerschütterlichen Vertrauen auf ihr Schicksal blickt Cornelia in die Zukunft und baut darauf, dass es gut ‚ausgehen' wird.
Einen Plan B für den Fall der Ablehnung des Bleiberechts gibt es für Cornelia
Meyer nicht:
„*Ham wir auch bisher nie gehabt. Und komischerweise, es is´ immer auf ´n letz-*
ten Drücker isses rausgegangen, ne?"[181]

Die „schicksalhafte Fügung" kann deshalb im Auswandererkontext als Erklä-
rungsmuster für die Richtigkeit der Entscheidung gesehen werden, mit deren Hilfe
die Auswanderer ihre Gewissensbisse und Zweifel beruhigen. Die negative Deutung
der Zufälle als übersinnliche Warnung konnte indes nicht beobachtet werden.

3. Migration und Materialität:
Der Umgang mit der Habe in Deutschland

Die Zeiten der Auswanderung zu Fuß, bei der man nur mitnahm, was man auf dem Rücken tragen konnte, oder der Auswanderung per Schiff, bei dem einem – immerhin – eine Auswanderungskiste zur Verfügung stand, gehören scheinbar der Vergangenheit an[182]. Auf den ersten Blick scheint es, als könnten die heutigen Auswanderer dank moderner Transportmittel all ihr Hab und Gut mitnehmen.

Waren es in früheren Jahrhunderten der Überseekoffer oder die Auswandererkiste, die das Gepäck der Neuseelandauswanderer limitierten, stehen den heutigen Neuseelandauswanderern vielfältige Möglichkeiten, ihre Habe einzupacken, zur Verfügung. Von Rucksäcken über Koffer und Umzugskisten bis hin zu Containern reicht die Palette. Wer über die nötigen finanziellen Mittel verfügt, kann seinen Besitz in mehreren Containern verschiffen. (Fast) alles, was nicht niet- und nagelfest ist, kann man heute mitnehmen, und mit Sack und Pack auswandern. Lediglich die Einfuhrbestimmungen und die Containermaße setzen den Auswanderern noch Grenzen. Und auch die Auswanderungsbedingungen sind heute vollkommen andere als in ihrer Blütezeit der Auswanderung um 1890 oder noch vor 60 Jahren. Den Auswanderern des 19. Jahrhunderts stand

Typische Auswanderertruhe um 1850. In den Holzkisten mussten Einwanderer all ihre Habe unterbringen. Diese „kists" waren oft Möbelersatz. (Sammlung des Otago Settlers Museum)

für ihre Überfahrt nach Neuseeland eine Kiste mit einem Fassungsvermögen von 10ft^3 (ca. 0,3m^3) zur Verfügung. Die Dinge, die sie mitnehmen <u>mussten</u>, waren vorgeschrieben. Dazu gehörten für Männer:

„6 Shirts, 6 Pairs of Stockings, 2 Warm Flannel or Guernsey Shirts, 2 Complete Suits, Strong Exterior Clothing."[183] Für Frauen und Kinder waren ähnliche Kleidungsstücke, nur in geringerer Anzahl, erforderlich. Für die dreimonatige Schiffsreise wurden außerdem drei Betttücher, vier Handtücher und zwei Stücke Marine-Seife pro Person benötigt. Wer die erforderlichen Dinge nicht besaß, wurde nicht an Bord gelassen. Für Lieblingsdinge blieb nur wenig Platz.

Die heutigen Auswanderer unterscheiden sich sehr von den

„poor souls of the 1840s and 1850s, who packed up all their lives and pos-
sessions and left their homes forever, braving first the storms, wrecks, muti-
nies, bad food, sickness, and boredom of sailing ships and then the rigours
and disappointments of a new land."[184]

Und dennoch müssen die allermeisten Auswanderer eine Auswahl treffen und
sich fragen, welche Dinge für Wert befunden werden, die weite Reise anzutreten.
Außerdem müssen sie sich entscheiden, wie sie mit ihren aussortierten Besitztümern umgehen wollen. Nach welchen Kriterien die Auswanderer die Gepäckauswahl treffen und welche Faktoren bei diesen Entscheidungen eine Rolle spielen,
darüber soll dieses Kapitel Aufschluss geben.

Was darf überhaupt mit?

Gepäckvarietäten

Nachdem der Entschluss auszuwandern feststeht, werden sich die Auswanderungswilligen dieselben Fragen stellen wie Lars und Justyna Seidel:
  Justyna : *„Was nehmen wir mit? Wie nehmen wir´s mit? Wenn wir uns ent-*
  scheiden, dass wir was mitnehmen. Und was passiert mit dem Rest? [...]
  Lars: *„Und wie teuer wird das?"*[185]

Die grundsätzliche Entscheidung lautet: ,Container – ja oder nein?'. Denn nach
dem Volumen des Containers beziehungsweise der Begrenztheit des gewählten
Transportbehältnisses richtet sich der Grad des Aussortierens. Den Auswande-
rern mit Container steht mehr Raum für ihre Objekte zur Verfügung, das heißt, sie
müssen ihr Habe nicht so stark reduzieren wie Auswanderer, die sich gegen einen
Container entscheiden. Zunächst will ich die verfügbaren Gepäckvarianten aufzei-
gen und danach die Transportwahl meiner Interviewpartner vorstellen.
  Die gängigen Containergrößen sind der 20-Fuß-Container ($33m^3$) und der 40-
Fuß-Container ($67m^3$).[186] Die Preise liegen je nach Größe, Dauer der Überfahrt,
Service und Spedition zwischen 2 500 und 10 000 Euro[187].

Alternativ gibt es so genannte *Liftvans* (etwa 5m³), das heißt stabile Boxen, von denen mehrere in einen Container hineingestellt werden, und Paletten, die etwa dasselbe Volumen fassen, aber nur mit Folie verpackt sind. Eine Postsendung (20 kg für 82 Euro) kann bei wenigen Kisten eine günstige Variante sein. Wenn man sich dafür entscheidet, nur mit Reisegepäck auszuwandern, liegt das Limit des Fluggepäcks bei 20 kg bei Routen über Asien und zwei Gepäckstücken à 32 kg[188], also insgesamt 64 kg, bei Flügen über die USA[189]. Übergepäck wird von den Fluglinien mit horrenden Summen pro Kilogramm und Gepäckstück in Rechnung gestellt und deshalb von den Auswanderern tunlichst vermieden.

In meinem Sample haben sich sechs von 16 Auswanderern für den Container entschieden. Frauke Lindemann und Thomas Peters bekamen den Container von ihrem zukünftigen Arbeitgeber bezahlt, somit blieb ihnen die Entscheidung für oder wider einen Container erspart. Während vier Interviewpartner sich mit je einem Container begnügten, füllten Cornelia und ihr Mann insgesamt drei große Container. Frauke Lindemann und Ulrike Neubauer packten ihre Habe jeweils in einen 20-Fuß-Container. Bei Thomas Peters und Sandra Buck, die beide mit Familie ausreisten, wurde der größere Container benötigt.

Für die Variante Liftvan entschieden sich Jutta Kaiser-McKenzie und Nicole Greve. Aber auch Tina und Andreas Graf schickten zwei Paletten nach Neuseeland, bevor sie den Container verschiffen ließen.

Lars und Justyna Seidel sowie Britta Rösner und Ulrich Hendriksen haben beide Kisten per Post vorausgeschickt. Während erstere den Rest neu anschaffen wollten, war bei letzteren schon alles für die Containerverschiffung vorbereitet und das Leben aus Kisten nur ein Übergangszustand. Helmut Pfefferle und Vanessa Beutler sowie Claudia Ballhaus gaben anderen Containerauswanderern einige Kisten mit. Das *Container-Sharing* hilft den Auswanderern jedoch nicht nur, ihre Habseligkeiten nach Neuseeland zu transportieren, sondern auch Kontakte zu anderen Auswanderern zu knüpfen.

Nur ein einziger Auswanderer reiste lediglich mit seinem Reisegepäck ein. Daniel Trust entschied sich aus Überzeugung dafür, nur mit seinem 20-Kilogramm-Rucksack auszuwandern.

Die Zoll- und Einfuhrbestimmungen

An dieser Stelle möchte ich die Zoll- und Einfuhrbestimmungen Neuseelands kurz zusammenfassen. Alle Informationen basieren auf der Website der Zoll- und Einfuhrbehörde.[190]

Neuseeland hat als isolierter Inselstaat eine einzigartige und schützenswerte Fauna und Flora und legt großen Wert darauf, das empfindliche ökologische Gleichgewicht aufrechtzuerhalten. Aus diesem Grund ist es untersagt, unbehandelte Naturmaterialien wie Wolle, Holz und Leder einzuführen. Tierische Produkte (Fleisch- und Wurstwaren, Milch, Eier und Honig etc.) dürfen genauso wie Pflanzenbestandteile (Topfpflanzen, Gemüse, Obst, Samen, Gewürze, Tee) nur in unbedenklicher, verarbeiteter Form oder überhaupt nicht eingeführt werden. Sämtliche Lebensmittel müssen deklariert, und falls vom Zoll beanstandet, noch auf dem Flughafen entsorgt werden. Ausnahmeregelungen gelten für eingeschweißte, unbedenkliche Esswaren wie Gummibärchen und Schokolade.

Für Haustiere gelten strenge Impf- und Quarantänevorschriften, um den Tierbestand vor in Neuseeland bisher nicht aufgetretenen Krankheiten und Seuchen zu schützen (z.B. Tollwut, Maul- und Klauenseuche, Vogelgrippe und BSE). Deshalb müssen auch sämtliche Gegenstände (Rasenmäher, Fahrrad, Zelt etc.) oder Kleidung (Reithose, Gummistiefel, Wanderkleidung etc.), die mit Tieren oder Pflanzen in Berührung kamen, klinisch rein sein, bevor sie eingeführt werden dürfen.

Auch die Menge der Güter, die zollfrei eingeführt werden darf, ist beschränkt. So müssen Luxusgüter (Autos, Computer, technische und elektronische Geräte etc.) länger als ein Jahr im Besitz des Auswanderers sein, sonst wird in Neuseeland zusätzlich Mehrwertsteuer fällig. Die mitgebrachten Dinge dürfen nur für den Eigenbedarf verwendet werden, der Handel ist untersagt.

Strategien zur Reduzierung der Habe in Deutschland

Wie anhand der möglichen Gepäckvarianten und Zollbestimmungen gezeigt wurde, ist die Auswahl die Dinge, die nach Neuseeland mitgenommen werden können oder eingeführt werden dürfen, begrenzt. Folglich muss die Habe vor der Auswanderung reduziert werden. Der Grad der Reduzierung reicht vom Aussortieren der Altkleider bis zum rigorosen Ausverkauf des Hab und Guts. Welche Strategien der Reduzierung des Besitzes von meinen Interviewpartnern angewendet wurden, soll nun gezeigt werden.

Verkaufen

Die gängigste Praxis zum Reduzieren der Habe ist das Verkaufen. Damit lässt sich nicht nur die Reisekasse aufbessern, sondern auch eine radikale Trennung von den aussortierten Dingen und gleichzeitig ein glatter Schnitt mit der eigenen deutschen Vergangenheit vollziehen. Von manchen wird diese Art der Trennung von den Objekten als schmerzhafte Erfahrung empfunden, von anderen als befreiender Akt Ballast abzuwerfen. Und bei vielen wird das anfangs notwendige Übel im Laufe des Auswanderungsprozess als Katharsis empfunden:

Jutta Kaiser-McKenzie: „[...] erst hats mir schon weh getan, und dann hab ich irgendwann gedacht: ‚Hey, es erleichtert auch irgendwie. Gut, dann ist es jetzt Zeit, dann muss ich loslassen, das tut ein bisschen weh, aber es macht auch wieder Platz für Neues.‘"[191]

Manche Auswanderer stellen Listen mit Dingen zusammen, die sie unbedingt mitnehmen wollen. Der überwiegende Teil der Migranten sortiert jedoch diejenigen Dinge aus, die er meint, entbehren zu können oder zurücklassen zu müssen.[192]

Dazu gehören in erster Linie Immobilien, wie Häuser oder Eigentumswohnungen. Sofern diese einen guten Preis erzielen, sind sie Hauptbestandteil der Auswanderungsfinanzierung beziehungsweise Startkapital für Neuseeland. Gelingt der Verkauf jedoch nicht, können Immobilien ein wahrer Klotz am Bein sein, wie das Beispiel von Cornelia Meyer zeigt.[193] Autos werden ebenfalls in den meisten Fällen verkauft. Nur in zwei Fällen wurden Autos von Deutschland nach Neuseeland verschifft.

Möbel, Haushaltsgeräte, Bücher und Kleider werden, falls nicht alles mitgenommen werden kann, aussortiert. Der weitere Umgang mit den dadurch ausgesonderten Dingen hängt davon ab, ob der Marktwert Gewinn verspricht und, was vor allem ausschlaggebend ist, wie stark die emotionale Bindung des Besitzers zum jeweiligen Gegenstand ist. Dinge, die also einen guten Preis erzielen können und dem Besitzer weniger wichtig erscheinen, werden auf unterschiedlichen Wegen zum Verkauf angeboten.

Zwei Interviewparteien (Lars und Justyna Seidel; Britta Rösner und Ulrich Hendriksen) haben in Anlehnung an die ‚Garage-Sales' im anglophonen Sprachraum einen Hausflohmarkt veranstaltet, waren jedoch von der geringen Resonanz enttäuscht. Auf Zeitungsannoncen und *Second-Hand*-Geschäfte setzte Jutta Kaiser-McKenzie, schickte jedoch zusätzlich Verkaufslisten per Rundmail an ihren Freundeskreis, wie das auch Ulrike Neubauer berichtet. Diese Strategie zeigte gute Erfolge, denn in manchen Fälle wurden die Rundmails weitergeleitet und so die Zahl der Käufer potenziert.

Die Möglichkeit, beim Internetauktionshaus ebay Dinge zu versteigern, wurde von fast allen Auswanderern genutzt. Die Vorteile liegen auf der Hand: Verkaufen bei *ebay* ist einfach, kostengünstig und erreicht Millionen Kaufinteressenten innerhalb kurzer Zeit. Allerdings waren die Erfahrungswerte der Verkäufer sehr gemischt. Während die einen ihre Objekte zu guten Preisen verkaufen konnten, machten die anderen Verlustgeschäfte und empfanden den Aufwand der Zustellung als zu hoch. Die meisten Auswanderer nutzten mehrere der genannten Verkaufsmöglichkeiten gleichzeitig oder nacheinander, bis sie alle aussortierten Dinge verkauft oder anderweitig verwertet hatten.

Verschenken

Das Verschenken wird aus zwei Motivationen heraus praktiziert. Entweder liegt der Antrieb im besonderen ideellen Wert des Objekts, oder im Gegenteil in dessen mangelndem Geld- und Gefühlswert. Auf jeden Fall werden die Dinge, die zum Verschenken bestimmt werden, als zu schade zum Wegwerfen empfunden und sollen noch einen guten Zweck erfüllen.

Juttas Toaster wird an die Nachbarin verschenkt, weil *„deren grad kaputt gegangen war"* und Juttas Ehemann schon einen Toaster besaß. Hier trifft also zum Überfluss der Besitzerin der Bedarf der Empfängerin, ein Zustand, der als ideal empfunden wird. Lars und Justyna Seidel haben die meisten Dinge verschenkt und nur wenige verkauft:

„Es ist eigentlich alles in der Familie geblieben, wir ham selten was außerhalb der Familie verschenkt. - - Außer wirklich an sehr gute Freunde, wo wir genau wussten, dass sie das gebrauchen könnten."[194] (Lars Seidel)

Hinzu kommt bei Lars und Justyna das Motiv, Dinge fast ausschließlich innerhalb der Familie weiterzugeben. Diese Praxis fördert sowohl das Zusammengehörigkeitsgefühl der Familien als auch das Prinzip des römischen Sprichwortes *do ut des*, des Gebens um des Empfangens willen. Marcel Mauss sieht das Schenken als „System gegenseitiger Verpflichtungen" an, das die sozialen Beziehungen in der Gruppe und somit die Gruppe selbst stärkt.[195] Was er bei seinen Untersuchungen in nicht-industrialisierten Gesellschaften herausfand, hat auch heute noch bei stark ritualisierten Anlässen Gültigkeit, etwa an Weihnachten und bei Übergangsriten wie Taufen und Hochzeiten.[196]

Das Schenken dient aber nicht nur der Reduzierung der Habe, sondern trägt auch zur Festigung von persönlichen Bindungen bei. Gerade bei Dingen, die den

Besitzern sehr am Herzen liegen, ist der Akt des Schenkens gleichzeitig ein Vertrauensbeweis an den Beschenkten, bei dem man das geliebte Objekt gut aufgehoben weiß.

Gelingt diese Symbiose nicht und man sieht sich gezwungen, einen Gegenstand, den man lieber verschenken wollte, zu verkaufen, schmerzt die Trennung:

Jutta Kaiser-Mckenzie: *„Und was mir ein bisschen weh getan hat, [...] zwei Möbelstücke, die ich wirklich schön fand, die wollte keiner haben (lacht). Also nicht mal geschenkt. [...] und dann hab´ ich sie nachher an einen Bekannten, der einen Trödelmarkt hat, dann so weggegeben. Das hat weh getan! Das kommt irgendwo hin, ich hätt´s jetzt schöner gefunden, wenn ich wüsste: ,Ach, das steht jetzt bei meinem Freund soundso.´"*[197]

Zu den Dingen, die grundsätzlich verschenkt und nicht etwa weggeworfen werden, zählen die Topfpflanzen der Auswanderer. Das mag daran liegen, dass Pflanzen Lebewesen sind, also nicht „zu der grundlegenden Unterscheidung von Personen und Dingen"[198] passen, und somit einen „Grenzfall" darstellen, der den personifizierten Dingen am nächsten kommt.

Stofftiere sind treue Begleiter ihrer Besitzer. Wenn sie nicht mitgenommen werden, wie hier die Stofftiere von Justyna Seidel, werden sie verschenkt.

Britta Rösner: *„Und dann hatten wir sehr große Efeus, die hat ein Kollege von mir übernommen, der ´nen Garten hat, weil, ich wollt se nich wegwerfen, die ham mir zu leid getan, ich kann so was net! Also des sind für mich lebende Wesen. Des macht mer net! Des tut mir weh!"*[199]

Auch Bücher werden häufig verschenkt und zwar entweder an gemeinnützige Vereine oder an Bekannte, von denen man weiß, dass sie das Geschenk zu schätzen wissen. Dasselbe gilt für ausrangierte Kleider und Kinderspielzeug, das häufig beim Roten Kreuz oder in anderen sozialen Einrichtungen kostenlos abgegeben wird:

„Hey, da ham sie nochmal ´nen guten Zweck erfüllt! Da hab´ ich einfach ´n gutes Gefühl damit. Weil es tät mir leid, ja, irgendwie begleiten dich diese Kuscheltiere Jahre des Lebens, ne, und dann sollen sie irgendwann nicht mehr

da sein! - - Schon ´n bisschen schade drum, gell. Also versuch ich dann immer für solche Sachen, ´n guten Zweck zu finden, noch mal. Etwas, wo sie noch mal zum Leben erweckt werden, oder wo sie noch mal jemandem nützen oder einfach jemanden begeistern, was auch immer!" (Britta Rösner)

Auch hier zeigt sich, dass diese Stofftiere als langjährige Begleiter nicht einfach weggeworfen werden können, weil sie als Brückenobjekte von der Kindheit zur Adoleszenz von seiner Besitzerin einmal innig geliebt wurden und fast menschliche Züge angenommen haben.

Wegwerfen

Dinge, die weggeworfen werden, nehmen die unterste Stufe in der Hierarchie der Dinge ein, denn das Wegwerfen ist der endgültigste Schritt unter den Trennungsvarianten. Deshalb müssen die Dinge, die weggeworfen werden, entweder kaputt und damit unbrauchbar oder so verschlissen sein, dass sie selbst als Geschenke nicht mehr taugen.

Bücher werden interessanterweise so gut wie nie weggeworfen, denn viele gehen mit Jutta Kaiser-McKenzie konform: *„Bücher wegwerfen find ich ein Verbrechen!"* Ob der Grund für diese Einstellung in der kollektiven Erinnerung der Deutschen an die Bücherverbrennungen durch die Nazis zu suchen ist oder Bücher für ihre Besitzer über die Jahre zu treuen Begleitern werden, was sich im wertschätzenden Umgang mit ihnen widerspiegelt, kann hier nicht geklärt werden. Zweifelsfrei gelten Bücher jedenfalls als Objekte des Bildungsbürgertums. In der Sozialisation durch Familie und Schule wurde man permanent zum sorgfältigen Umgang mit den Büchern aufgefordert, Fehlverhalten wurde sanktioniert. Da verwundert es kaum, dass Bücher als *„heilig"* angesehen werden, was das Wegwerfen dieser ‚Reliquien' zwangsläufig verbietet.

Marode Möbel, unansehnliche Teppiche und Ordner aus Schultagen werden hingegen tatsächlich weggeworfen. Dabei legen die Auswanderer häufig eine Rigorosität an den Tag, die sie bei einem gewöhnlichen Umzug missen lassen würden. Vor der Auswanderung wird großzügig aussortiert und Unnützes konsequent weggeworfen, weil man sich sagt: *„Brauchst ja eigentlich eh nicht mehr, aber hätt ich wahrscheinlich beim nächsten Umzug innerhalb Deutschlands doch wieder mitgenommen."* (Jutta Kaiser-McKenzie).

Verleihen oder in Pflege geben

Das Verleihen stellt einen Kompromiss zwischen der definitiven Reduzierung und der Aufbewahrung der Habe dar. Da es sich bei dieser Zwischenform juristisch um ein so genanntes Gefälligkeitsverhältnis handelt, das, sofern nicht schriftlich fixiert, nur schwer einzuklagen wäre, nehmen viele Auswanderer von dieser Möglichkeit Abstand.

Von den Vorteilen des Verleihens, zwar Eigentümer zu bleiben, jedoch die Nutzung durch Dritte zuzulassen, wird fast ausschließlich innerhalb einer Familie oder unter engen Freunden Gebrauch gemacht. Notwendige Bedingung ist, dass ein Vertrauensverhältnis zwischen Geber und Empfänger besteht.

Sandra und Norbert Buck haben eines ihrer drei Autos, nämlich seinen *„alten Daimler"*, an einen guten Freund verliehen. Dafür, dass der Freund das Auto in seiner Garage unterstellte, durfte er es auf eigene Kosten anmelden und es fahren.

Sandra Buck: *„Den ham wir mal behalten als Sicherheit, dass wenn wir zurückkommen, dass wir auf jeden Fall den wieder fahren können, dass wir den haben. Das wir nich gleich n neues Auto kaufen müssen, sondern den einfach nur anmelden und dann is okay."*

Neben diesem pragmatischen Grund, das Auto vorerst zu behalten, verhinderte Norberts Bindung zu seinem alten Wagen den leichtfertigen Verkauf:

„Und da hat er sich auch nich so einfach davon trennen wollen." (Sandra Buck) Man entschied sich für die Übergangslösung des Verleihens. Als die Familie dann in Neuseeland Fuß gefasst hatte, wurde das Auto schweren Herzens doch verkauft.

Bei diesem Beispiel wird eine Qualität der Dinge deutlich, die man lieber verleiht als verkauft: Es muss ein emotionales Band zwischen Besitzer und Gegenstand bestehen, das zumindest im Moment der Emigration nicht gekappt werden soll. Das war auch bei Lars Seidels Schallplatten der Fall, die er als Dauerleihgaben *„Verwandten gegeben [hat], mit der Option, sie nicht zu versilbern."*[200] Auch Gebrauchsgegenstände haben Lars und Justyna vorwiegend innerhalb der Familie oder an *„sehr gute Freunde"* weitergegeben: *„Meistens ‚verkaufen' wir das immer als eine Leihgabe. Also, so: ‚Wenn wir zurückkommen, dann wollen wirs wiederhaben.'"*[201] (Lars Seidel)

Tiere werden, wenn sie nicht oder nicht sofort mitgenommen werden können, grundsätzlich in Pflege gegeben. Sei es, dass der Hund bei der Oma bleibt, bis er alle Impfungen hat und nachgeholt werden kann[202], oder dass er für die Übergangszeit in einer privaten Hundepension untergebracht wird. Britta Rösner scheute keine Kosten, um den Hund dort und nicht etwa bei Bekannten unterzubringen, bis sie ihn nachholen kann:

„Aber der Hund kommt mit!!! Und deshalb wars für mich auch wichtig, ne Stelle zu finden, die nich zu privat is, denn da hätt ich Angst gehabt, dass die Leute sich jetzt so sehr an den Hund gewöhnen in dem halben Jahr, dass se nachher sagen: ‚Ach nee, können wir den nicht behalten?' Deswegen is es mir wichtig, dass er bei jemand Professionellem is, der keine Bindung zu ihm aufbauen wird, der ihn mag, natürlich."[203]

Strategien zur Aufbewahrung der Habe in Deutschland

Neben Strategien zur Reduzierung der Habe existieren auch Strategien zur Aufbewahrung der Habe, die man weder mitnehmen kann noch verkaufen will. Zu den Dingen, die eingelagert werden sollen, haben die Auswanderer ein ambivalentes Verhältnis:

„[...] Sie sind uns schon wichtig, dass man sie behalten möchte, aber sie sind jetzt nicht überlebenswichtig, um sie bei sich zu haben."[204] *(Justyna Seidel)*

Bei der Aufbewahrung ist den Auswanderern sehr daran gelegen, ihre Besitztümer an einem sicheren Ort zu deponieren. Die eingelagerten Gegenstände sollen möglichst in unverändertem Zustand die Zeit überdauern, bis man sie entweder in Deutschland wieder benötigt oder nach Neuseeland nachholt. Als sichere Konservierungsstätten bieten sich entweder angemietete Lagerräume oder die Eigenheime der Eltern an.

Einlagern

Wer sich für das Einlagern eines Teils seiner Habe entscheidet, sieht die Auswanderung mit einem unkalkulierbarem Restrisiko verbunden und möchte deshalb für eine eventuelle Rückkehr vorsorgen. Man möchte in diesem Falle beispielsweise nicht ohne Möbel dastehen und gezwungen sein, alles neu zu kaufen. Alles mitzunehmen, wäre den betreffenden Auswanderern aus finanziellen Gründen nicht möglich, und sich von den Dingen vollständig zu trennen, gelingt ihnen nicht. Die Risikofaktoren der Auswanderer, die zum Einlagern tendieren, sind einerseits befristete Visa, andererseits Zweifel, ob die Auswanderung erfolgreich und von Dauer sein wird, kurzum, ob man in Neuseeland dauerhaft leben möchte und kann.

Die Habe, die man nicht unmittelbar braucht, aber auch nicht gänzlich entbehren möchte, wird eingelagert. Es ist häufig die zweite Wahl an Dingen, die man weder mitnehmen noch verkaufen kann, obwohl die Interviewpartner in den meisten Fällen vermuten, dass sie sich nach einiger Zeit doch von diesen Objekten trennen können werden, was manche dann nach einigen Monaten oder Jahren auch tatsächlich tun. Das Einlagern stellt also keinen Endzustand, sondern einen Übergangszustand dar, der den Prozess der Loslösung von den Dingen zumeist nur hinauszögert.

Lars und Justyna Seidel haben sich, obwohl sie bereits über die *Permanent Residence* verfügten, für die Einlagerung von etwa 20 Umzugskisten entschieden, weil ihre Bleibeabsichten noch völlig offen waren. Mengenmäßig ergibt sich bei ihnen, so Lars Seidel, das Verhältnis *„90 % verkauft [...], 10 % [...] eingelagert".*[205] Für die Lagerung der Kisten bei einem Umzugsunternehmen zahlen sie etwa 15 Euro pro Monat. Unter den eingelagerten Gebrauchsgegenständen befinden sich auch Lars' Erbstücke, die selbst bemalten Eierbecher der Oma aus dem Jahr 1918, die ihm lieb und teuer sind. Hier ging die Überlegung ‚mitnehmen oder einlagern' zugunsten des Einlagerns aus, weil er sie nicht dem hohen Transportrisiko aussetzen wollte:

Lars Seidel: *„Aber wir ham einfach so überlegt: ‚Wenn die bei dem Transport da kaputtgehen!' [...] das kann man nich ersetzen! ‚Wenn das kaputtgeht, dann, dann lassen wirs lieber hier, also, wenn die Chance, dass sowas kaputtgeht, 'n ideeller Wert - - dann lieber hier lassen!"*[206]

An dieser Aussage wird der Bewahrungscharakter der Einlagerung besonders deutlich. Lieber trennt man sich räumlich von etwas, als die Gefahr des Verlustes in Kauf zu nehmen.

Bei Britta Rösner und Ulrich Hendriksen sind die Gründe für die Einlagerung pragmatischer Natur, denn mit dem *Working-Holiday*-Visum beziehungsweise Touristenvisum dürfen sie keinen Container einführen. Denn ob das ‚Unternehmen Auswanderung' für sie erfolgreich verlaufen wird, ist noch nicht absehbar. Sie zahlen für den privat angemieteten 16-m²-Raum, der ihre über 80 Kisten Bücher und Umzugsgut fasst, 65 Euro pro Monat. Dass der Rauminhalt ungefähr dem Volumen eines 20-Fuß-Containers entspricht, ist kein Zufall, sondern es ist geplant,

„dass mer direkt den Container jetzt vor die Tür stellen kann und des ganze Zeug jetzt einfach nur noch umräumt: Ausm Keller raus, in 'n Container rein und verschiffen!"[207] *(Britta Rösner)*

Bei den Eltern unterstellen

Eine Sonderform des Einlagerns stellt das Unterstellen bei den Eltern dar. Dieses Phänomen erfreut sich besonders bei jüngeren Auswanderern großer Beliebtheit. Für die Auswanderer ist diese Variante nicht nur eine kostenlose Möglichkeit der Aufbewahrung, sondern auch Ausdruck des Vertrauens und Respekts gegenüber den Eltern. Die Eltern wiederum können zeigen, dass sie die Entscheidung ihres Kindes billigen, indem sie dessen Relikte in Ehren halten und so die Auswanderer praktisch und symbolisch unterstützen. Das durch die Auswanderung stark strapazierte Eltern-Kind-Verhältnis wird also durch diese Form der Einlagerung gefestigt.

Helmut Pfefferle ist einer von vielen Auswanderern, der seine Möbel bei den Eltern untergestellt hat. Aber seine Möbel stehen nicht etwa bei den Eltern im Keller, sondern komplett aufgebaut in deren Haus, damit sie genutzt werden können:

Helmut Pfefferle: *„Kriegt mer dann wieder, oder mer braucht´s vielleicht au nimmer. Aber es wär zu schad, irgendwo einzulagern. Lieber soll´s genutzt werden und abgenutzt werden.“*[208]

Somit profitieren beide, die Eltern und Helmut: Solange Helmut nicht genau weiß, was mit seinem Hab und Gut geschehen soll, ist es bei den Eltern gut aufgehoben, denn er hat jederzeit Zugriff auf seine Besitztümer und kann sie wieder an sich nehmen. Entscheidet er sich endgültig für Neuseeland, kann das bereits in die Wohnung der Eltern integrierte Aufbewahrungsgut ohne viel Aufhebens in ein Geschenk an die Eltern umgewandelt werden.

Im Interview mit Helmut Pfefferle wird deutlich, dass das Einlagern für Unentschlossene beziehungsweise Nicht-*Permanent-Residents* die Ideallösung darstellt, wenn die Wahrscheinlichkeit der Rückkehr relativ groß ist:

Helmut: *„Man hats ja, man hats ja sozusagen jetzt einfach mal daheim, weil mer noch net gwusst hat, ob des jetzt hier endgültig ist, oder ob des nicht endgültig ist, also so [..] alles zu verkaufen daheim und dann nach nem halben Jahr oder Jahr wieder zurückzukommen, und da eben des kein Problem war des irgendwo einzulagern - - “*
T.S.M.: *„Mhm, dann macht mers einfach.“*[209]

Teilweise hat diese Form der Aufbewahrung auch eine therapeutische Funktion für die verlassenen Eltern, wie das bei Claudia Ballhaus zur Sprache kommt:

„Ich hab auch die ganzen Bücher, hab ich ja zu meinen Eltern geschleppt aus der ehelichen Wohnung und da sind die auch. Und, da is jetzt, is eigentlich

ganz gut, [alles in meinem alten Zimmer]. Meine Mutter kann dann, in das Zimmer geh´n, wenn sie da bisken Sehnsucht hat. Und kann sich quasi in ‚meine Ecke' setzen."[210]

Habermas bezeichnet Dinge, die eng mit anderen Personen verknüpft sind und symbolisch auf diese verweisen, als Bindungsobjekte oder Reliquien. Deren Nutzung und Bedeutung wächst im „Verlaufe des Lebens durch die langsam wachsende Anzahl von verstorbenen Bezugspersonen (oder ausgezogenen Kindern)"[211]. Die Aufnahme der Habe des ausgewanderten Kindes kann folglich auch den Eltern eine Hilfe sein, den Verlust des Kindes durch Auswanderung zu kompensieren.

Die Ergänzung der Habe in Deutschland

Der Umgang mit der Habe zielt jedoch nicht nur auf Reduzieren beziehungsweise Erhalten ab, sondern sieht auch das Ergänzen der Habe durch neue Dinge, die entweder selbst erworben oder von anderen geschenkt werden, vor.

Extra kaufen

Extra angeschafft werden Dinge, von denen man denkt, dass sie in Neuseeland nicht oder nur in minderer Qualität oder wesentlich teurer als in Deutschland erhältlich seien. Hinzu kommt, dass die Auswanderer davon überzeugt sind, dass sie diese Gegenstände in Neuseeland unbedingt benötigen werden, was Aufschluss über ihre Erwartungen bezüglich des Ziellandes gibt.

Zu den Dingen, die häufig im Hinblick auf das Leben in Neuseeland gekauft werden, gehören in erster Linie technische Geräte wie Computer, Laptops und Drucker, Waschmaschinen und Brotbackautomaten.

Außerdem werden Dinge angeschafft, die bisher nicht zum Alltag der Auswanderer gehörten, die sie aber für ihren neuen Lebensstil für unabdingbar halten. Auffällig in den Auswandererinterviews ist die Häufung an *Outdoor*-Ausrüstung, die noch kurz vor Abflug extra angeschafft wurde. Wanderstiefel, Thermoschlafsack, Allwetterjacke und Tourenrucksack, all diese Neuanschaffungen offenbaren die Sehnsucht nach dem – zumindest zeitweiligen – Leben in der Wildnis und gleichzeitig die Erwartung, in Neuseeland nicht nur diese Wildnis vorzufinden, sondern sie auch zu ‚er-leben'. Freilich ist oft der Wunsch Vater des Gedanken und die Wanderstiefel verstauben im Schuhregal, weil man feststellt, dass einen die Auswanderung alleine noch lange nicht zum leidenschaftlichen Wanderer macht.

Nicht selten wurde dieses *Outdoor-Equipment* jedoch schon für den ersten Neuseelandurlaub angeschafft. Bei der Emigration werden die Wanderutensilien dann nicht als rein funktionales Gepäck ausgewählt, sondern als mit Erinnerung aufgeladene Habe, wenn man Neuseeland beispielsweise mit diesen Wanderschuhen zu Fuß ‚erobert' hat.

Eine gängige Neuanschaffung im Hinblick auf Neuseeland ist ein Deutsch-Englisch-Wörterbuch, falls man ein solches nicht noch aus Schulzeiten besitzt. Während der praktische Nutzen dieser Anschaffung sofort einleuchtet, verwundert es auf den ersten Blick, dass manche Auswanderer sich vor der Auswanderung *„extra 'n neuen Duden"* (Lars Seidel), in diesem Fall die neueste Auflage ‚Neue deutsche Rechtschreibung', zulegen. Der Duden steht stellvertretend für die deutsche Sprache, also die Muttersprache, an deren korrekter Anwendung die Auswanderer auch in einem fremden Land interessiert sind. Vielleicht wollen sie auch dem Sprachverfall beziehungsweise der Antiquierung der Muttersprache vorbeugen, die sie von

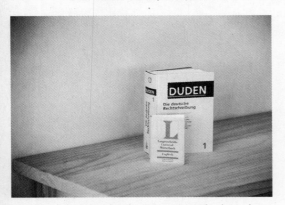

Duden und Wörterbuch: Muttersprache bewahren und Sprachkenntnisse erweitern.

vorherigen Auswanderergenerationen her kennen. Die druckfrische Auflage des Duden, gekauft zum Zeitpunkt der Emigration, käme dann einer Konservierung der deutschen Sprache gleich, die die Auswanderer im Jahre ihrer Auswanderung mündlich und schriftlich beherrscht haben. Denn die deutsche Sprache wird sich, genauso wie das Deutsch der ‚Neu-Neuseeländer' ständig verändern, bis sich in der Kommunikation der ausgewanderten Deutschen mit ihren in Deutschland gebliebenen Verwandten die ersten Verständigungsprobleme einstellen werden.

Geschenkt bekommen

Bei der Ergänzung der Habe durch Geschenke handelt es sich überwiegend um persönliche Gaben, an die zweierlei Ansprüche gestellt werden: Zum einen sollen sie etwas Besonderes sein, das die Auswanderer stets an die Gebenden erinnert, zum anderen müssen sie möglichst so klein und leicht sein, dass sie ins Fluggepäck passen. Beliebt sind deshalb neben gekauften Souvenirs wie Bildbänden des Wohnorts der Auswanderer oder Produkten aus der Heimat selbstgemachte Geschenke einer oder mehrerer Parteien. Als Anlass für die Geschenkübergabe eignet sich die von fast allen Auswanderern initiierte Abschiedsparty[212]. Helmut Pfefferle und Vanessa Beutler sind bei ihrer Abschiedsparty von Verwandten, Freunden und Kollegen reichlich beschenkt worden. Sie bekamen eine selbstgebastelte Uhr, eine Fototasse und eine Art Tagebuch:

Helmut: *„Und dann häm mer, so ′n Tagebuch, oder so ′n Tagebuch hasch noch bekommen."*

Vanessa: *„Ja, genau, mit Bilder drin"*

Helmut: *„Und die erschten hundert Tage sozusagen, wo dann die schon Sachen reingschrieben ham und selber damit mer dann-"*

Vanessa: *(springt ihm bei) „dann halt Sachen net vergisst, was daheim los is und alles."*[213]

Solche 'Reliquienschreine' finden sich bei fast allen Auswanderern. Fotos und Geschenke sollen die abwesenden Freunde symbolisieren.

Wie Vanessa bereits andeutet, ist die Funktion von Abschiedsgeschenken die „Vergegenwärtigung des abwesenden Anderen"[214]. Solche Objekte sollen das Zusammensein symbolisieren und zum Stellvertreter der anderen Person werden. Damit soll die räumliche Distanz durch die gedankliche Verbindung mittels des geschenkten Gegenstands aufgehoben werden. Besonders als Träger der intendierten Funktion geeignet sind nach Habermas Reliquien, Geschenke und metonymische Erinnerungsgegenstände. Reliquien verweisen physisch auf den abwesenden Anderen, sind also entweder Körperteile (Gebeine, Haarlocke etc.), am Körper getragene Dinge (Kleider, Brille, Uhr etc.), die auch die Nahsinne ansprechen, oder Abbildungen (Fotos, Porträts, Gemälde), die den Körper des Anderen symbolisieren. Die metonymischen Objekte erinnern an den Anderen, indem sie auf eine gemeinsam erlebte Situation verweisen (z.B. Konzertticket) oder die gemeinsame Nutzung symbolisieren (geteiltes Bett, Auto, Bibliothek etc.). Geschenke behandelt Habermas als eine eigene Gruppe von Dingen, die den vermissten Anderen symbolisieren[215]. Da jedoch meinen Beobachtungen nach auch Reliquien und metonymische Objekte verschenkt werden, möchte ich sie an dieser Stelle in ihrer Rolle als Geschenke besprechen.

Alle genannten Souvenirs dienen dazu, sich an den Anderen zu erinnern. Durch die Gabe als Geschenk kommt noch eine andere Komponente hinzu: Sie erinnern per se an den gemeinsam erlebten Akt des Schenkens, symbolisieren den Geber und verbinden ihn mit dem Beschenkten. Der Wert der beschenkten Person kann sich sowohl im materiellen, als auch im ideellen Wert des Geschenkes ausdrücken. Bei selbstgemachten Geschenken (z.B. Bilder-Collagen) und kalligraphisch gestalteten Schriftstücken (z.B. Briefen, Glückwunschkarten) wird oft die Grenze zur Reliquie überschritten.

Helmut Pfefferle und Vanessa Beutler haben sich aus den Bildern von ihrer Abschiedsparty selbst eine Reliquie geschaffen, die auch die ihr zugedachte Funktion erfüllt:

Helmut: *„Die [Fotos] ham mer dann jetzt alle, die kann ich dir au mal zeigen, auf´n Karton aufklebt [...] Dass mer sozusagen au die Erinnerung von daheim [hat], oder dass die [Leute] dann doch irgendwie immer bei uns sind."*[216]

Das Souvenir hat eine Doppelrolle inne: Es fordert zum Gedenken an die Abwesenden auf (Stimulus) und wird gezielt aufgesucht, um Heimweh oder Sehnsucht zu lindern (Instrument).[217] Da die Abschiedsgeschenke an der Schwelle zu einem 'neuen Leben' übergeben wurden, erinnern sie an den Schritt der Emigration und werden, symbolisch aufgeladen, zu „Übergangssouvenirs"[218] für die Auswanderer. An dieser Stelle zeigt sich erneut, dass symbolischen Objekten selten eine einzige Funktion zuzuweisen ist, sondern dass sie vielmehr multiple Bezüge und Mitteilungen erlauben.

> „Je mehr unterschiedliche biographische Bezüge ein Objekt auf sich vereint, um so umfassender repräsentiert es seine Biographie und um so bedeutsamer ist es der Person."[219]

Das Packen

Der Akt des Packens hat über die schlichte Notwendigkeit hinaus eine symbolische Bedeutung für die Auswanderer. Ihr altes Leben löst sich zusehends auf. Nun ist es an der Zeit, durch das Packen Ordnung in die verbliebene Habe zu bringen und von den Dingen auf unbestimmte Zeit Abschied zu nehmen.

Jutta Kaiser-McKenzie: *„Das is ja so n Prozess, der geht über ein paar Wochen, bis du alles so eingepackt hast, das dauert ja ne Weile.[...] Das Aussortieren und Packen. Das ist so ne Auflösung, also du merkst richtig, wie sich alles so auflöst! Wie bei einem Umzug halt auch. [...] Und eigentlich noch mehr, weil du ja noch anders, selektiver guckst.*"[220]

Dass dieser *„Prozess"* auch mit Entbehrungen verknüpft und emotional äußerst anstrengend ist, deutet Jutta an, indem sie erzählt, sie habe ihre Tochter Charlotte mit deren Vater zur Oma geschickt, weil sie es sonst *„nicht so gut verkraftet"* hätte. Auch Juttas Ehemann Henry war beim Packen keine Hilfe für sie. Deshalb kamen die Feierlichkeiten anlässlich des Todes von Papst Johannes Paul II., zu dessen Beerdigung Henry nach Rom fahren wollte, Jutta gar nicht ungelegen:

„Und das hat er dann gemacht und eigentlich wars ganz gut (lacht)! Da hatte ich meine Ruhe! Und hab´ vor mich hingekramst! - - Und er konnt mir auch nicht [helfen], ich meine wir waren ja nicht schon ewig zusammen, es war nich unser Hausstand, das war mein Zeug!"[221]

Torsten und Cornelia packen ihren Container. Oft übernehmen die Frauen die Logistik, während die Männer die Kisten tragen.

Die Phase des Packens beinhaltet auch, sich mit dem Schritt der Auswanderung intensiv und reflektierend zu beschäftigen, was Jutta am besten alleine gelingt. Das Packen wird so zur meditativen Auseinandersetzung mit den Dingen. Abgesehen davon war Henry auch nicht in der Lage, Juttas Hausstand auszusortieren:

Jutta Kaiser-McKenzie: *„Und der konnt auch nicht einfach entscheiden: ‚Das schmeiß ich weg, des nehm ich mit'. Insofern wars glaub ich dann ganz gut. Des dann so zu machen.*"[222]

Meine Annahme, das Packen folge der klassischen Geschlechterrollenverteilung nach dem Motto „Die Frau sortiert, der Mann packt", fand ich in den Interviews nicht bestätigt. Vielmehr packte bei Paaren der dominantere Part die Kisten, d.h. hier also Frauen genauso wie Männer. Oder es packte, wer es besser konnte oder *„schon immer"* gepackt hat. Das Aussortieren hingegen wurde häufiger von den Frauen bewerkstelligt. Das soll jedoch nicht bedeutet, dass die Männer diese Aufgabe nicht übernehmen wollten, sondern schlicht nicht durften. Dafür wird ihnen größtenteils die Aufgabe des Tragens der schweren Kisten und das Einräumen des Containers zuteil, was mit harter körperlicher Anstrengung verbunden ist und deshalb als klassische Männerarbeit gilt.

Das Auswanderergepäck:
'Konzentrierte Habe' oder die Bedeutung der ausgewählten Dinge

In diesem Kapitel möchte ich zeigen, welche Dinge die Auswanderer meines Samples tatsächlich mitnahmen. Welche Entscheidungsprozesse liefen ab und welche Überlegungen wurden angestellt, bis das jeweilige Objekt Teil des Auswanderungsgepäcks geworden ist?

Der Zwang zur Reduzierung, der zuvor besprochen wurde, führt zu einer wohl überlegten Auswahl an Objekten, die für wert befunden werden, die Reise nach Neuseeland anzutreten. Die Habe wird im Auswanderergepäck konzentriert und, so die These, dadurch umso bedeutsamer für die Migranten. Bei plötzlichem Verlust der vertrauten Umwelt – und dafür ist die Emigration ein Paradebeispiel – setzen Entfremdungszustände in Bezug auf die Welt und die eigene Person ein. Die Identität, üblicherweise als „Wohlbefinden" empfunden, mutiert zu einem dumpfen „Identitätsgefühl"[223], denn „Übergänge in eine neue Umwelt vermögen, je nach Radikalität des Bruchs und der Unterschiedlichkeit der beiden Umwelten, die Identität grundlegend zu verändern."[224]

Die Auswanderer erzählen übereinstimmend von dieser Erfahrung:

„Ich hab immer dieses Bild, von so Wurzeln, die gekappt sind [im Kopf], ganz schrecklich.

Ein Baum! Ich sehe mich immer so als entwurzelten Baum so. (macht ein kappendes Geräusch). Alle Wurzeln ab."[225] (Jutta Kaiser-McKenzie)

Interaktionen, die vorher keiner besonderen Aufmerksamkeit bedurften, verwandeln sich schlagartig in Situationen, in denen sich der Auswanderer täglich neu beweisen muss. Sei es bei einem Bewerbungsgespräch, bei der Suche nach Möbelgeschäften, im Umgang mit der Kassiererin im Supermarkt oder beim Autofahren[226], der Deutsche findet in Neuseeland ungewohnte Verhältnisse vor und muss sein Verhalten ständig reflektieren.

Sandra Buck: „*Wir waren zwei Deutsche - - und keiner hat sich in Neuseeland ausgekannt. Des musst man dann einfach echt erleben! Wie 'n kleines Kind an Erfahrungen halt sammeln und dann seine Lehren daraus ziehen! Und des is' halt - - des war echt - - (stöhnt) des war zum Teil echt schlimm so! Und des hat mehr geschlaucht, wie mer eigentlich gedacht ham oder, ja - - Dann da im Job einarbeiten, dann ooch (stöhnt) dieses Englisch und diese Akzente. Ich hab' nix verstanden - - des war echt - - Horror! Also für mich - - wenn ich manchmal so im Nachhinein dran denkt: Wie 'n Alptraum so, des alles.*"[227]

Das Selbstempfinden schrumpft analog zur Habe, deshalb ist es besonders wichtig, vertraute Objekte mitzunehmen; Studien über den Umzug ins Altersheim z.B. haben gezeigt, „dass der Übergang zu einer neuen Umwelt erleichtert wird, wenn vertraute Umweltelemente aus der alten mit in die neue Umwelt hinübergenommen werden."[228] Je mehr Gepäck, desto besser also? Dies soll nun überprüft werden.

Praktische Dinge

Die überwiegende Zahl der Auswanderer nimmt hauptsächlich praktische Dinge mit, die man schon besitzt und auch in Neuseeland zu brauchen glaubt. Eine Auswahl an Kleidung und technischen Geräten (Fotoapparat, Laptop etc.) findet sich ausnahmslos in jedem Auswanderergepäck. Wobei der Computer und das Handy der Gruppe der Kommunikationsmedien[229] zuzurechnen sind, die für die Auswanderer, die immerhin 20 000 Kilometer Distanz zu ihren Familien überbrücken müssen, von großer Wichtigkeit sind.

Elektrogeräte, Geschirr, Besteck, Tupperware, Handtücher, Bettwäsche, Sportgeräte etc. werden von zahlreichen Auswanderern im Fluggepäck mitgebracht oder per Luft- oder Seefracht verschickt. Große Möbelstücke, Waschmaschine und Trockner, Autos etc. sind dagegen den Auswanderern mit Container vorbehalten.

Auch bei denjenigen Auswanderern, die mit wenig Gepäck Deutschland verlassen, befinden sich auffallend viele praktische Dinge im Gepäck. Bei ihnen erfolgt die Gepäckauswahl nach finanziellen und pragmatischen Gesichtspunkten. Die Erinnerungsobjekte, die zusätzlich mitgenommen werden, sind gut überlegt und wohl dosiert, worauf ich im nächsten Kapitel zu sprechen kommen werde.

Lars: „*Also, wir versuchen halt irgendwie, hauptsächlich auf praktische Sachen zurückzugreifen, die wir mitnehmen, und 'n Staubfang, in Anführungszeichen, [..] gehört dabei nicht in die erste Wahl. Und die zweite Wahl wär dann halt nachzuholen.*"

T.S.M.: *Mhm.*

Lars: *Natürlich, gewisse Erinnerungen nimmt man immer mit. Das muss man halt auch, das kann man ja sonst mit der Post, oder - - sich n Stück Heimat halt aufbaun.'*[230]

Von vielen Auswanderern werden Daunenbettdecken mitgenommen, weil man sich bereits im Urlaub nicht mit den neuseeländischen Betten anfreunden konnte. Die klassische Daunendecke wird als ‚normal', also selbstverständlich, empfunden und heiß geliebt. Jede Abweichung von dieser Norm ist ‚abnormal' und nur schwer erträglich.[231] 'Wie man sich bettet, so liegt man', in diesem Sinne entscheiden sich zahlreiche Auswanderer für ihre gewohnten Federbetten und die dazugehörige Baumwollbettwäsche[232], die in Neuseeland nur schwer erhältlich ist. Auch die deutsche Waschmaschine umrundet häufig die halbe Welt, um den Auswanderern auch in Neuseeland gute Dienste zu leisten. Darauf werde ich jedoch später ausführlich zu sprechen kommen.

Die praktischen Dinge werden aus verschiedenen Gründen eingepackt:
1) Man besitzt diese Gegenstände bereits.
2) Man möchte nicht auf sie verzichten.
3) Sie gehören zum gewohnten und angestrebten Lebensstandard.
4) Man befürchtet, die Dinge in Neuseeland nicht in der gewohnten Art erwerben zu können.
5) Man möchte das Geld für die Neuanschaffung sparen.

Die Priorität und Gewichtung dieser Argumente variiert stark je nach Finanzlage und Lebenseinstellung der Auswanderer, häufig werden mehrere Argumente als ausschlaggebend genannt. Die symbolische Bedeutung der Objekte möchte ich als einen weiteren Grund anfügen, denn obwohl die genannten Dinge primär praktischer Natur sind, können sie sekundär symbolische Bedeutung annehmen. Um die symbolischen Bedeutungen von Dingen soll es im Folgenden gehen.

Persönliche Dinge

Manche Auswanderer, wie Lars und Justyna Seidel, konnten aufgrund ihres limitierten Gepäcks nur wenige persönliche Dinge mitnehmen. Wie manch andere beschlossen sie deshalb, sich vorwiegend auf Fotos zu beschränken. Fragt man die Auswanderer nach den persönlichen Dingen, die sie mitgebracht haben, kommt prompt die Antwort „*Fotos*"[233]. Die Fotos von Familienmitgliedern, Freunden, Urlaubsreisen und Orten, die im weitesten Sinne Heimat symbolisieren, bedeuten denjenigen, die ihre Heimat zurücklassen, außerordentlich viel, und sind auf Nachfrage als Teil der persönlichen Habe im Gedächtnis sofort abrufbar. Fotos von einschneidenden Erlebnissen wie „*von unserem Junggesellenabschied, Hochzeitsbilder*" (Lars Seidel) sind als Erinnerungsträger unersetzlich. Hinzu kommt, dass ausgewählte Papierabzüge oder auch Fotoalben selbst bei begrenztem Gepäck

Torsten und sein Neffe begutachten den 170er Mercedes, der im Container nach Neuseeland verschifft wurde.

noch Platz finden beziehungsweise im Zeitalter der digitalen Fotografie einfach auf dem Computer gespeichert mitgenommen werden können.

Zu den häufig genannten persönlichen Dingen, die nach Neuseeland mitgebracht werden, gehört die Weihnachtsdekoration. Da der Interviewzeitraum in der Vorweihnachtszeit lag, war der Weihnachtsschmuck oft bereits ausgepackt und schmückte die Wohnung, um bei 25 Grad Wärme doch noch ein bisschen deutsche Weihnachtsstimmung zu verbreiten.

Autos, die nach Neuseeland verschifft werden, sind zwar augenscheinlich den praktischen Dingen zuzuordnen, werden aber tatsächlich nur dann mitgenommen, wenn sie ideellen Wert besitzen oder Sammlerobjekte geworden sind. Torsten Meyer, der Oldtimer sammelt, brachte vier Autos nach Neuseeland mit: einen Aero Oldtimer, einen 170er Mercedes, einen VW-Golf und einen Mercedes aus den 60er Jahren, der nostalgischen Wert hat. Cornelia Meyer : „*[...] der hat glaub ich ´ne Million Kilometer runter. Des war Torstens erstes Auto und der hängt da dran.*"

Auch Andreas Graf verschiffte seinen Mercedes Coupé Baujahr 1981, den er als „*Sammlerstück*" bezeichnet. Der Wagen sehe aus „*wie neu*" und sei darüber hinaus eine Rarität. Als ausschlaggebend zur Mitnahme nennt Andreas Graf jedoch pragmatische Gründe: „*Vor allen Dingen in Deutschland bekommst du nix mehr für [..] und dann verschenken wollten wir ´n auch nich´.*"

Andere Sammlerobjekte wie Schlümpfe, die in Neuseeland die Regale schmücken (Tina und Andreas Graf), Pinguine aus verschiedenen Materialien (Claudia Ballhaus) und die Weihnachtsdeko, die mit einer Ausnahme (Daniel Trust) in keinem Auswanderergepäck fehlte, werden als Brückenobjekte mit nach Neuseeland genommen. Sie sind Erinnerungen an die Kindheit, wecken die Sehnsucht nach Neuseeland oder mildern das Heimweh, indem sie die gewohnte Weihnachtsatmosphäre verbreiten, kurzum: Sie knüpfen eine Verbindung zwischen der Heimat und der Wahlheimat. Die persönlichen Dinge sind gleichsam die Materialisierung sinnlicher Erinnerungen und Erfahrungen, sie sind emotional aufgeladen und sinnbehaftet . Das Kinderspielzeug der Auswanderer ist zudem ein Bindeglied zwischen den Generationen und besonders wichtig, wenn die Kinder der Auswanderer in Neuseeland zur Welt kommen:

Tina Graf: *„Ja, meine Disney-Figuren, die hingen über meinem Babybettchen und jetzt hängen sie über unserem Babybettchen!"*[234]

Eine wichtige Kategorie der persönlichen Dinge stellen die Erbstücke dar. Jutta Kaiser-McKenzie hat *„schönes altes [Silberbesteck] von meiner Großmutter"* eingepackt, denn *„des wollt' ich da haben"*. Außerdem hat sie die Kommode ihrer verstorbenen Mutter als einziges Möbelstück mitgenommen, obwohl sie Angst hatte, die neuseeländische Einfuhrbehörde würde es vielleicht wegen wenigen Wurmlöchern nicht ins Land lassen oder es vorher *„begasen"*. Diese Praxis wird bei Containern, die verdächtiges (Natur-)Material enthalten, von der Landwirtschaftsbehörde (*MAF*) vorsorglich angewandt; dabei wird der Inhalt mit Gas desinfiziert und soll damit unschädlich gemacht werden. Die Befürchtung der Auswanderer, dadurch mit Giftstoffen belastet zu werden, ist so stark, dass sich viele gegen die Mitnahme solcher Güter entscheiden.

Jutta Kaiser-McKenzie: *„Und die Kommode von meiner Mutter, die da drüben auch steht, die hatte keinerlei offensichtliche Löcher. Und da hab' ich gedacht: ‚Gut, das riskier' ich dann.'"*[235]

Das Erbstück ist ihr so wichtig, dass sie sogar Risiken auf sich nimmt, um es bei sich zu haben. Es hat keinen antiquarischen, sondern ideellen Wert:

Jutta Kaiser-McKenzie: *„Also jetzt auch nix so Ur-uraltes, aber es is' irgendwie so* Sixties, *und da hab' ich dran gehangen, weil's eben, weil meine Mutter nicht mehr lebt, und weil ich da - -. Die hätt' ich ungern zurückgelassen! Das andere [wegzugeben] hat auch 'n bisschen weh getan, aber es waren meine Möbel, die ich irgendwann gekauft oder geschenkt gekriegt hab'."*[236]

Alte Familienbilder, die den Zweiten Weltkrieg und die Ausbombung Hamburgs wie durch ein Wunder überstanden haben, brachte Inge Borg 1957 mit nach Neuseeland.

Die Kommode wird also, indem sie als einziges Möbelstück mitgenommen wird, aus der übrigen Habe herausgehoben und in Neuseeland auch räumlich exponiert: Im Deutschland stand sie im Flur, in Neuseeland hat sie ihren Platz im Wohnzimmer. Sie soll jedoch kein Museumsstück sein, sondern wird durch den täglichen Gebrauch geehrt, indem die Kommode – wie schon in Deutschland – mit Geschirr gefüllt ist und ihre Funktion im Alltag hat. Hier hat beim Umgang mit dem Erbe das Prinzip „Bewahrung durch Benutzung"[237] oberste Priorität. Das ist auch der Grund, warum Jutta Kaiser-McKenzie die Kommode nicht etwa schont und abgedeckt „in den Schuppen" stellt, sondern sichtbar in ihren Alltag integriert und funktional nutzt. Auf die Frage, ob es Objekte gebe, die in Neuseeland an Bedeutung gewinnen, reflektiert Jutta Kaiser-McKenzie über ihren Dingbezug:

Die Schlümpfe wecken Kindheitserinnerungen und sind somit Brückenobjekte zwischen Heimat und Wahlheimat.

Jutta: *„[...] die Kommode von meiner Mutter, klar, die wird schon wichtiger, weil das ist jetzt so das, - - was ich mit hab an Möbeln, und das werd ich natürlich überall hin mitschleppen, und ich würd auch gucken, sollten wir irgendwie nach Deutschland oder ich nach Deutschland hinaus [...], dass ich das auch irgendwie wieder zurückkriege! Das bleibt nicht! [...] das wird schon noch wertvoller, weils gerade (betont) nur des is."*
T.S.M.: *„Ja."*
Jutta: *„Und weils von, klar, weils von meiner* Mum *ist. Ich hab von meiner Mutter nicht Möbel, das ist eigentlich nur des, was ich von ihr hab. [...]Und das hat ein ganz spezielles [Charisma], ich find´s auch toll dass da keine Löcher drin waren. Ich weiß nicht, aber da hätt ich meinen Bruder bestochen, dass (betont) er´s nimmt, weil das hätte ich nicht (lacht) weggeben, auch nicht verkaufen oder verschenken können!"*[238]

An dieser Stelle werden unterschiedliche Bedeutungen von geerbten Dingen angesprochen, die Langbein in ihrer Dissertation herausarbeitet:
„Erinnerung und Gedächtnis brauchen Speicher, sinnfällige Träger"[239]. Die Dinge verbinden durch das Erben als letzten Kommunikationsvorgang[240] lebende und

verstorbene Familienmitglieder emotional miteinander und sind „Träger affektiven Kapitals"[241]. Dieses dichte Netz an Sinn- und Funktionszusammenhängen der geerbten Dinge macht die Trennung von ihnen oder gar deren Verkauf nahezu unmöglich.

Bei den persönlichen Dingen muss es sich jedoch nicht um geerbte Dinge handeln, damit sie ungeachtet ihres funktionalen Wertes von den Auswanderern wertgeschätzt und eingepackt werden. Geschenke befinden sich auffällig oft im Auswanderergepäck und verbinden den Geber mit dem Beschenkten, denn „selbst wenn der Geber sie [die Gabe] abgetreten hat, ist sie noch ein Stück von ihm."[242]

Warum es für sie gut war, den Container voll zu packen, erklärt Sandra Buck mit dem symbolischen Wert der materiellen Dinge:

Die Glasengelchen, die Sandra Buck zur Kommunion bekommen hat, begleiten sie schon 25 Jahre. Sie sind wichtiger Teil ihrer Identität.

„*Also ich bin froh, dass wir den [Container] ham kommen lassen! (leise) Ich denk es war keine falsche Entscheidung. Ich würd die Küchenmaschine und alles missen, meine Tassen, die ich schon ewig lang hab, oder meine Engelchen da! (zeigt auf Glasengel auf Schränkchen). Die hab ich neulich mal rausgezogen, dann hab ich gesagt: ‚Ach Gott, die hab ich bestimmt schon 25 Jahre!' - - Die hab ich als Kind gekriegt, des weiß ich noch, und ich fand des so doof! Und mittlerweile ham sie so n Wert für mich, weil sie so alt sind und - - - des könnt ich mir net vorstellen, des alles [aufzugeben].*"[243]

Das Ensemble der Dinge, mit denen sich Sandra Buck umgibt, ist Teil ihrer Identität. Die Dinge sind behaftet mit Erinnerungen an Übergangsprozesse, wie die Küchenmaschine, die ein Hochzeitsgeschenk war, oder die Glasengel, die Sandra zur Kommunion geschenkt bekam. Diese Engelsfiguren sind jetzt schon seit 25 Jahren in ihrem Besitz, wobei sie eine Wandlung vom ungeliebten Objekt hin zum Lieblingsding vollzogen haben. Sandra sagt heute, sie sei „*gottfroh*", die Engelchen zu besitzen.

Als weitere Gruppe von persönlichen Dingen sind nach Habermas utopische Objekte[244] zu nennen, die Zukunftsentwürfe implizieren. Sie schlagen die Brücke zwischen Gegenwart und Zukunft, indem sie „[das] Nicht in ein Noch-nicht" verwandeln und Träume gleichsam materialisieren.[245] Als Beispiele nennt Habermas artistische Utensilien und Bücher über bestimmte Wissensgebiete oder Länder. Letzteres befand sich in den Bücherregalen in Deutschland zuhauf: Nämlich Bildbände, Kalender und ähnliches über Neuseeland. In Neuseeland angekommen werden diese zukunftsbezogenen Objekte oft durch gesammelte Ordner, Bücher über oder Ausrüstung für ein bestimmtes Wissensgebiet, das man gerne beruflich oder als Hobby ausbauen würde, ersetzt. Darunter fallen die Hotelmanagement-Ordner von Tina Graf genauso wie die Tauchausrüstung von Claudia Ballhaus, die sie sich in Neuseeland zulegte und damit die schönen Taucherlebnisse der Vergangenheit mit ihrer Zukunft in Neuseeland verknüpft. Artistische Utensilien hat Jutta Kaiser-McKenzie mitgebracht, nämlich *„so n kleinen Arts-Crafts-Kasten"* mit Mal- und Bastelutensilien sowie ein Kalligraphie-Set.

> Jutta: *„So, das hab ich mal angesammelt und das war mir auch wichtig, dass ich mit dem Kalligraphie-Set [gleich etwas Kreatives machen kann]. Solche Geschichten."*
>
> T.S.M.: *„Ja, dass man auch gleich mal loslegen kann, net?"*
>
> Jutta: *„Da hab ich auch gedacht, wer weiß, ich find das sicher irgendwo alles, aber des möchte ich nicht zusammensammeln. Das hab ich schon und des ist mir wichtig. Da wollte ich gerne meins dann dabei haben.."*

Diese Aussage alleine würde das Hobbykünstler-Set noch nicht zum utopischen Objekt machen, aber zusammen mit Juttas Absicht, mit ihrem Mann eine Galerie zu eröffnen und Künstlerin zu sein, fügt sich das Mosaik zusammen: *„Also träumen tun wir beide davon, uns künstlerisch verwirklichen zu können."*

Kuriositäten

Dinge, von denen die Auswanderer denken, dass sie in Neuseeland (noch) unbekannt oder sehr selten, geschweige denn käuflich zu erwerben sind, werden häufig mitgenommen. Diese Objekte möchte ich als ‚Kuriositäten aus Deutschland' klassifizieren und anhand einiger Beispiele näher erläutern.

Claudia Ballhaus: *„Also Haushaltsgegenstände, dann naja, so Kuriositäten. Ich hatte ein Tee-Ei in Pinguinform, das hab ich mitgeschleppt."* Außerdem einen *„Apfelausstecher"* und einen *„Eierköpfer"*, wobei auch hier die Kuriosität und vielleicht auch die Dekadenz des Objekts den Ausschlag gab, es einzupacken: *„Dieses Ding, des hatt ich vorher auch noch nich gesehen, hab ich mitgenommen."*

Andreas Graf entdeckte, als er vorübergehend bei einem Umzugsservice arbeitete, ein zurückgelassenes Fahrrad auf dem Dachboden. Das Fahrrad aus den 20er Jahren *„wollt ich nich unbedingt zurücklassen!"*, berichtet er. Es kommt also mit nach Neuseeland, obwohl Andreas Graf es weder in seiner Funktion als Gebrauchsgegenstand nutzt, noch eine persönliche Geschichte mit ihm verbindet. Das Fahrrad steht genauso wie die Singer-Nähmaschine von Tina Grafs Oma als *„Ausstellungsstück"* auf der Veranda[246]. Diese alten Gebrauchsgegenstände werden in Neuseeland, das erst vor etwa 200 Jahren von Europäern besiedelt wurde, zu Antiquitäten, sie werden zu Zeichen für die europäische Kulturgeschichte und dementsprechend arrangiert und exponiert:

Andreas Graf: *„Bei uns zuhaus is´ es so ´n bisschen wie im Museum, eigentlich! [...] Die [Kiwis] sagen: ‚Wie im Märchen, alles!'"*[247]

Das Fahrrad und die Nähmaschine werden nostalgisch und nicht ihrer Bestimmung entsprechend gebraucht. Die symbolischen Objekte bekommen die Funktion der Distinktion von den ‚geschichtslosen' Neuseeländern zugeschrieben.

„Genaugenommen sind nostalgische Objekte zwar symbolische Objekte, aber keine rechten Erinnerungsobjekte, da sie weder auf eine Vergangenheit noch eine Zukunft verweisen, sondern auf eine Welt jenseits des Alltags, eine beschauliche Fluchtwelt der Nostalgie und der Sehnsucht."[248]

Faktoren der Gepäckauswahl

Wie wir zuvor gesehen haben, ist die Gepäckauswahl der Auswanderer durch verschiedene äußere Faktoren, nämlich die Einfuhrbestimmungen und die Transportmöglichkeiten, geprägt, die die Gepäckauswahl erheblich einschränken. Während die Gepäckvarietäten variabel sind und von den Auswanderern frei gewählt werden können, sind die Zollbestimmungen unabänderliche Konstanten, die die Gütereinfuhr beschränken. Welche Faktoren für die Gepäckauswahl darüber hinaus von Bedeutung sind, klang in den vorangegangenen Kapiteln bereits an, soll aber nun nochmals zusammengefasst werden:

- Das Lebensalter der Auswanderer bei der Emigration
- Biografie und individueller Besitzstand
- Das Einreisevisum und die Dauer seiner Gültigkeit

- Die Motivation der Auswanderer und ihre Zukunftsentwürfe
- Das Geschlecht und der Familienstand
- Die finanzielle Lage der Auswanderern

Die Analyse der Interviews hat ergeben, dass das Gepäckvolumen expotentiell zum Lebensalter bei der Auswanderung zunimmt. Man könnte festhalten: Je älter die Person zum Zeitpunkt der Emigration ist, desto mehr Gepäck bringt sie mit. Selbstverständlich hängt dieser Umstand nicht allein mit dem Alter zusammen, sondern hauptsächlich mit der Vergangenheit der jeweiligen Person. Ein bedeutender Faktor der Gepäckauswahl, wenn nicht sogar der größte, ist die Persönlichkeit des jeweiligen Auswanderers. Die individuelle Biographie, die Sozialisation und der Umgang mit den Dingen im Elternhaus, die Umzugs- oder Migrationserfahrung prägen die innere Einstellung zu materiellen Dingen und den Umgang mit ihnen stark:

Lars Seidel: *„Ich glaub´, wir haben einfach - - wir haben viele Sachen weggeschmissen, auch Briefe und sowas. Ich glaub´, wir haben einfach nicht diesen, diesen, wir reflektieren nicht die Erinnerung so gerne, sondern, was jetzt nicht heißt, dass wir die scheuen, also wir gucken gerne irgendwo nach vorne oder sind gerne jetzt bei ‚jetzt’, als dass wir uns irgendwie so gerne an Sachen von früher erinnern."*[249]

Je mehr Dinge der Mensch besitzt und je inniger die Beziehung zu seinen Objekten ist, desto weniger wird er sich von ihnen trennen können und wollen. Für den Besitzstand gilt generell, dass sich mit dem fortschreitenden Lebensalter mehr Dinge ansammeln, zumindest solche Objekte, die mit Erinnerungen behaftet sind.

Das Einreisevisum und die Zukunftsentwürfe der Auswanderer haben großen Einfluss auf die Gepäckauswahl beziehungsweise den Umgang mit der Habe. Wir haben gesehen, dass die Auswanderungswilligen, die noch keine *Permanent Residence* besitzen ohne Container nach Neuseeland gehen, aber ihre konzentrierte Habe in Deutschland einlagern. Diese Migranten sind noch mit einem Bein in Deutschland, wohingegen die *Permanent Residents* einen glatten Schnitt auch beim Umgang mit der Habe vorziehen:

„Also, es war für mich auch klar, dass wenn, dann will ich mit allem gehen! Und nicht so, noch so ´n halbes [Standbein]. ‚Ich hab noch ´n Koffer in Berlin’, oder so! Hm, nicht, nee, nee!"[250] (Ulrike Neubauer)

Die Motivation der Auswanderer spielt insofern eine Rolle, als sie die Bleibeabsicht beeinflusst und die Zukunftsentwürfe bestimmt. Cornelia Meyer, die ihren Lebenstraum einer *Health and Holiday Farm* in Neuseelands Regenwald verwirklichen will, hat im Hinblick darauf schon Behandlungsliegen, Decken und Klangschalen in großer Anzahl in den Container gepackt.

Die Hypothese, dass Frauen mehr Dinge mitnehmen als Männer, wurde in den Interviews bestätigt. Immer wieder wurde ich in den Interviews auf solche Zusammenhänge explizit hingewiesen, vor allem, wenn es sich um Paare handelte, die dann ihr Packverhalten mit dem des Partners verglichen. Legt man jedoch das Gepäckvolumen zugrunde, zeigt sich, dass die Männer ebenso viel, wenn nicht sogar mehr als die Frauen mitnehmen. In beiden Fällen, in denen ein Auto nach Neuseeland verschifft wurde, handelte es sich um die Lieblingsobjekte der Männer, die unter rationalen Erwägungen besser verkauft worden wären.

Der Familienstand macht sich augenscheinlich ebenfalls im Gepäckvolumen bemerkbar. Alleinstehende haben am wenigsten Gepäck, dann kommen Paare und am gepäckreichsten wandern Familien mit Kindern nach Neuseeland ein. Wenn man bedenkt, dass allein ganze Kisten oder Koffer nur mit Spielzeug gefüllt sind, ist das nicht verwunderlich.

Interessant ist jedoch, dass all diese Faktoren der Gepäckauswahl plötzlich außer Kraft gesetzt werden, wenn dem Auswanderer die Transportkosten vom zukünftigen Arbeitgeber erstattet werden. Denn dann entscheiden sich die Auswanderer unabhängig von Lebensalter, Besitzstand, Visumsfrist, Motivation, Zukunftsplänen, Geschlecht, Familienstand und Gesinnung allesamt dafür, Sack und Pack in den Container zu packen. Das zeigen die Fälle von Thomas Peters und Frauke Lindemann, die beide zugeben, dass sie, wenn sie es hätten selbst finanzieren müssen, keinen Container genommen hätten.

4. Migration und Materialität:
Der Umgang mit der Habe in Neuseeland

Analog zum Kapitel „Der Umgang mit der Habe in Deutschland" soll nun der Umgang mit der Habe in Neuseeland anhand der Strategien zur Innovation beziehungsweise Lebensstandard- und Identitätssicherung dargestellt werden.

Strategien zur Innovation in Neuseeland

Unter den Strategien zur Innovation verstehe ich nicht, dass die deutschen Auswanderer Neuerungen nach Neuseeland einführen und verbreiten, sondern dass sie Innovationsbereitschaft zeigen, indem sie sich in den neuseeländischen Gegebenheiten einrichten. Das könnte heißen, dass sie sich vom Mangel zur Improvisation inspirieren lassen oder neue Dinge ausprobieren, die sie in Deutschland wahrscheinlich nie gemacht hätten.

Die Bereitschaft oder sogar die Absicht zu improvisieren ist bei den Einwanderern kaum vorhanden. Manche sind gezwungen zu improvisieren, wie etwa Cornelia Meyer, die mit ihrem Mann mangels Baugenehmigung in einer umgebauten Garage lebt und das nötige heiße Wasser für den Haushalt auf dem Herd erwärmen muss. In der Anfangszeit lebten die Meyers sogar eine zeitlang völlig ohne Strom und mussten, „dank neuseeländischem Arbeitseifer" (Cornelia Meyer), drei

Improvisationszwang: Nach Ankunft des Containers war der Wohnraum der Meyers vorübergehend mit ihren Habseligkeiten vollgestopft.

Monate mit Kerzenschein auskommen, bis endlich Stromkabel und Anschlüsse zum und im Haus verlegt waren. Bei solchem Innovationsdruck kann kaum von Innovation die Rede sein, denn dieser Zustand wird von den Einwanderern als keineswegs ideal angesehen.

Wenn überhaupt improvisiert wird, dann im Wohnbereich der Einwanderer. Da die neuseeländischen Häuser selten über gute Heizungen verfügen, improvisieren viele Einwanderer, indem sie sich eine neuseeländische Spezialität aneignen: die Heizdecke.

> *„[...] diese* electric blankets, *so! Also wir schwören da drauf! (beide lachen) Diese Heizdecken im Bett, die sind echt super! (lachend) Die, genau, des is was, was ich auch nich mehr missen wollte: Die würd ich mir mit nach Deutschland mitnehmen, glaub ich! Des is echt ne feine Sache! Die stellsch an, so ne Stunde vorher und dann gehsch ins Bett und ooh des isch so schön mucklig warm, des isch echt super!"*[251] (Sandra Buck)

Das Brotbacken, das unter den Deutschen Usus ist, ist auch ein Beispiel dafür, dass man aus der Not eine Tugend macht und improvisiert: Es schmeckt zwar nicht so gut wie ein echtes deutsches Schwarzbrot, aber eben doch besser als der *„labberige Toast"*. Allerdings liegt hier keine Innovationsabsicht vor, sondern im Gegenteil, man bringt das Opfer des Selberbackens, um seinen deutschen Lebensstandard zu sichern. Und dazu gehört nun einmal das Schwarzbrot.

Der Kauf eines Vehikels steht bei den meisten Auswanderern an allererster Stelle bei den Neuanschaffungen. Häufig wird der Mietwagen, mit dem man sich unabhängig bewegen kann, direkt am Flughafen übernommen. Die ersten Tage werden dann genutzt, um ein geeignetes Fahrzeug zu kaufen, das manchmal auch als mobiler Wohnungsersatz dient. In der fremden Umgebung wird das neu angeschaffte Auto schnell zum vertrauten Objekt, das als „Zwischending zwischen körperzentrischem persönlichem Raum und persönlichem Ort"[252] fungiert und den Verlust der Wohnung beziehungsweise des Fahrzeuges in Deutschland zeitweise kompensiert, denn „[d]as verschließbare Automobil bietet einen mobilen Schutzraum"[253].

Bei umweltbewussten Auswanderern wird meist ein Fahrrad angeschafft (Vanessa Beutler) oder mitgebracht (Helmut Pfefferle; Frauke Lindemann), das seinem Besitzer genauso wie das Auto Mobilität und das Erkunden fremder Gegenden ermöglicht. Auto und Fahrrad sind Vehikel, „die sich ebenfalls zusammen mit dem Körper bewegen, ja als motorische Verlängerungen des Körpers fungieren."[254] Mobilität bedeutet für Claudia Ballhaus Freiheit: *„Nur ich, mein Truck* und *die Natur!! Ein großartiges Gefühl, ein Gefühl ich könne ALLES* [Hervorheb. im Orig., T.S.M.] *machen und tun und erreichen."*[255]

Vergleicht man die Automarken, die die Auswanderer in Deutschland fuhren, mit denen, die sie sich in Neuseeland kaufen, zeichnet sich eine deutliche Veränderung ab. Waren es vor dem Abflug gute Mittelklassewagen mit einem gewissen Wert als Statussymbole, so kaufen sich die Einwanderer in ihrer Wahlheimat eher praktische und geländegängige Autos. Oder es erfolgt, wie in Claudia Ballhaus'

Fall, die Wandlung vom Kleinwagen zum *Pick-Up-Truck*:

Claudia: *„Hab jetzt auch mein Traumauto, das is´ ´n alter* Toyota-Highlander. *2,6 Liter Diesel.“*

T.S.M.: *„Uhm.“ (bewundernd)*

Claudia: *„Von 1992. Der hätt´ jetzt bald 300 000 gelaufen. [...] Das war, was ich immer haben wollte! - - Hätt´ ich in Deutschland nich´. Sprit is´ hier viel günstiger. Also von daher, is´ des alles machbar.“*[256]

Die günstigen Auto- und Spritpreise ermöglichen es Claudia, sich diesen Traum zu erfüllen. Der Jeep ist für sie eine wahre Innovation. In Deutschland fuhr sie einen Kleinwagen *„[...] das war n Ford K, ´n kleiner Unterschied, der könnte jetzt auf der Ladefläche von meinem Highlander parken!“*[257]

An den anderen Neuanschaffungen der Auswanderer, die meist nur die ausrangierten Dinge (Möbel, Küchen- und Haushaltsutensilien, Elektrogeräte, Kleider, Kosmetika etc.) ersetzen, lässt sich keine Innovation ablesen. Oftmals wird sogar zum selben, vertrauen Produkt (technische Geräte, Markenartikel, Lebensmittel) gegriffen, deshalb verzichte ich darauf, diese Objekte einzeln aufzuzählen.

Fehlendes Wissen und dessen Kompensation

Manchen Gegenstand, den die Auswanderer aus Deutschland mitbringen, gibt es längst in Neuseeland. Claudia Ballhaus hat allerlei Kuriositäten nach Neuseeland mitgenommen in der Annahme, es gäbe sie dort nicht, was sich als Irrtum herausstellte:

„[D]ann diese Rotweinfolien, die man aufrollt, in die Flasche steckt, als Tropfen-Abreißer und so n Tropfenfänger, den man auf n Flaschenhals steckt. - - Ja, so Sachen wo ich dachte, die´s hier vielleicht nich unbedingt gibt. Gibts hier aber auch! - - Wusst ich aber nich!“[258]

Statussymbol Waschmaschine: Die deutsche Waschmaschine steht für Qualität und Lebensstandard 'made in Germany'.

Und manches, von dem sich die Auswanderer leichtfertig trennen, hätte man im Nachhinein doch besser mitgenommen, wie Jutta Kaiser-McKenzie am Beispiel ihrer Waschmaschine verdeutlicht:

Jutta Kaiser-McKenzie: *„Das hab´ ich bitter bereut übrigens (prustet los), dass ich meine nich mitgenommen habe! [...] Ich hab´ damals nich´ gewusst, wie das hier mit Waschmaschinen is´. Und diese Toplader sind ziemlich grässlich.*“[259]

Sie hatte sich auf die Auskunft ihres Mannes verlassen, der sagte, die Waschmaschinen seien *„ganz toll"* und dass er extra eine neue anschaffen wollte. Zum Zeitpunkt des Kaufs fehlte Jutta jedoch die eigene Erfahrung mit den neuseeländischen Waschmaschinen:

Jutta: *„Bei uns in Deutschland gibt´s ja auch die Toplader, ich hab´ halt gedacht: ‚Des is´ wie bei uns, wo´s die Toplader und die Vorderlader' gibt, hier die, na ja, gut, hab´ ich bitter bereut und jetzt ham wir ´ne neue Waschmaschine und ich find´ die ziemlich (unter Lachen) scheiße! Die nächste wird eine Bosch! (beide lachen) Die gibts nämlich hier auch! Eine Frontlader!"*
T.S.M.: *„Es gibt hier alles, gä? Manchmal muss man halt n bisle tiefer in die Tasche greifen, oder so."*
Jutta: *„Ja, und des können wir halt nich unbedingt schon wieder. Muss ich halt damit leben, ne. Das hab ich bitter bereut, ich hatte nämlich ne Bosch! (beide lachen) Die könnt mer sicher gut brauchen. [...] Also da hab ich mich echt geärgert. Also auch im Nachhinein!"*[260]

Die Annahme ‚Waschmaschine ist gleich Waschmaschine' stellte sich für Jutta Kaiser McKenzie als Irrtum heraus. Sie folgert aus der leidvollen Erfahrung, *„es wird einfach nicht so sauber wie mit unseren [Waschmaschinen]!"*, dass deutsche Markenprodukte bessere Leistung erbringen, und will sich unbedingt bei nächster Gelegenheit ein bewährtes Gerät von Bosch anschaffen.

Strategien zur Lebensstandard- und Identitätssicherung in Neuseeland

Die Waschmaschine ist im Übrigen ein gutes Beispiel für die Lebensstandard- und Identitätssicherung in Neuseeland. Die Auswanderer sind aus Deutschland einen hohen Lebensstandard gewöhnt, den sie nicht ohne Weiteres aufgeben wollen oder können.

Die ‚deutsche Wertarbeit' ist im kollektiven Bewusstsein und im Sprachgebrauch tief verankert. Ob dieser Qualitätsunterschied zwischen so genannten ‚deutschen Produkten' (die jedoch nur in den seltensten Fällen auch in Deutschland produziert werden) und solchen, die nicht den deutschen Markennamen tragen, heute noch tatsächlich gegeben ist, sei dahin gestellt. Der Mythos ‚deutsche Wertarbeit' existiert jedenfalls weiterhin in den Köpfen und ist Teil der deutschen Identität.

Wie bereits eingangs erwähnt, vergleichen die Auswanderer permanent die Qualität der deutschen Produkte, sprich, des ‚Eigenen' und für sie ‚Normalen', mit den neuseeländischen Produkten beziehungsweise dem ‚Fremden'.

Im Falle der deutschen Waschmaschine kommt noch der Topos der ‚deutschen Sauberkeit' hinzu, der sich bis ins 16. Jahrhundert zurückverfolgen lässt.[261] Die Wäsche muss „nicht nur sauber, sondern rein"[262] sein, 'porentief rein'.

Die neuseeländischen Waschmaschinen, die diesem Anspruch nicht genügen, werden deshalb als unbefriedigend, vor-zivilisatorisch und schlicht als Zumutung empfunden. Um den eigenen, hohen Lebensstandard zu erhalten, wird die deutsche Waschmaschine entweder mitgebracht oder in Neuseeland eine bekannte, deutsche Markenwaschmaschine erworben, die in jedem Falle ein *front-loader* sein muss. Es ist nicht nur der gewohnte Anblick und Umgang mit dem Gerät, das die Auswanderer dazu bringt, sich eine deutsche Waschmaschine in die Waschküche zu stellen, sondern auch der Stolz auf die deutsche Wertarbeit. Marken wie Bosch, Miele, Bauknecht etc. genießen auch in Neuseeland einen guten Ruf und die Waschmaschine aus Deutschland wird gerne den neuseeländischen Besuchern vorgestellt, wobei die Haushaltsgeräte oft gar nicht im Waschkeller263 stehen, sondern an exponierten Stellen im Hausflur, in der Küche oder im Badezimmer.

Die deutsche Waschmaschine ist für die Auswanderer, die Deutschland soeben verlassen haben, auch ein Stück Heimat und hat identitätsstiftende Funktion.

Für Dinge, die man nicht so einfach wie die deutsche Waschmaschine in Neuseeland erhält, lassen sich die Auswanderer interessante Kompensationsstrategien einfallen, um ihren Lebensstandard auch in Neuseeland aufrechtzuerhalten.

Vermissen

Oft stellt sich erst in der Fremde heraus, was einem wirklich wichtig ist. Erst durch Mangel oder Verlust kristallisieren sich die geliebten Objekte heraus: Man vermisst sie. „Kulturschock und Kulturkontakt werden zumeist nicht als diffuses Gefühl erlebt, sondern an bestimmten Situationen und an Sinneswahrnehmungen festgemacht."[264] Die Einwanderer registrieren auf einer „Art negativer

Kontrastfolie"[265], welche Dinge es bei ihrer Ankunft nicht gibt und verwenden nicht selten viel Kraft und Einfallsreichtum auf die Beschaffung der vermissten Dinge. Das Gefühl des Vermissens bezieht sich auf vielfältige Situationen und Gegebenheiten in Deutschland, die in Neuseeland fehlen oder anders wahrgenommen werden, wie etwa das Naturerleben, die Grenzüberschreitung zu anderen Kulturen und Ländern, die geschichtliche Verwurzelung, die Präsenz vertrauter Menschen und die Sprachbeherrschung.[266] Obwohl die genannten Themenkomplexe immer wieder in den Interviews von den Einwanderern thematisiert wurden, will ich mich im Weiteren auf Vermisstes im Wohnbereich und in der Ernährung beschränken. Im Laufe des Emigrations- und Eingewöhnungsprozesses nimmt die Kategorie der vermissten Dinge stetig ab und man entdeckt gutes Neues in Neuseeland. Die Bewältigungstrategien, die eingesetzt werden, um die vermissten Dinge doch zu bekommen, sollen im Folgenden vorgestellt werden. Da die Einwanderer bei den vermissten Dingen vornehmlich Nahrungsmittel nennen, möchte ich einen Einblick in die kulturelle Bedeutung des Essens geben.

Exkurs: Essen als `kulturelles Gepäck`

„Vertraute Lebensmittel bedeuten viel mehr als Nahrungsaufnahme"[267]. Der Geschmackssinn ist bereits im Säuglingsalter äußerst gut ausgebildet und beeinflusst durch die Enkulturation unsere Nahrungsmittelwahl und unseren Geschmack nachhaltig. Essen befriedigt nicht nur das menschliche Grundbedürfnis nach Nahrung, sondern auch emotionale Bedürfnisse nach einem Sich-zu-Hause-Fühlen und innerer Sättigung. Nicht nur Liebe, auch „Heimat geht durch den Magen"[268], wie Köstlin titelt. Da verwundert es auch nicht, dass die vertrauten Nahrungsmittel nach dem Heimatverlust durch Auswanderung umso wichtiger werden. Die Nahrungsauswahl und -zubereitung verbindet Gruppenmitglieder miteinander und grenzt ‚die Anderen' aus. Darüber hinaus neigt Nahrung aber auch dazu, sich „in Situationen zu verwandeln"[269] und Erinnerungen zu wecken. Tolksdorfs Nahrungsuntersuchungen[270] haben gezeigt, dass die ‚heimatliche Nahrung' von Heimatvertriebenen ein wichtiges Thema für deren Integrationsprozess ist und zwei Funktionen besitzt: Erstens soll die gewohnte Nahrung die Herkunft in Erinnerung rufen, indem sie diese sinnlich und geschmacklich erfahrbar macht, zweitens soll sie die Heimat durch regionale Spezialitäten anderen gegenüber repräsentieren.

Auch bei den heutigen Neuseelandauswanderern lässt sich der Akkulturationsprozess anhand der vermissten und neu in den Speiseplan aufgenommenen Nahrungsmittel ablesen. ‚Essen' kann nur in seltenen Fällen unter bestimmten Umständen nach Neuseeland eingeführt werden, ist also nur in Ausnahmefällen Bestandteil des Gepäcks. Oft zeigt sich jedoch nach der Ankunft, dass die Lieblingsspeisen mangels Zutaten nicht bereitet werden können oder die Sehnsucht nach deutschen Spezialitäten ins Unermessliche wächst: Das kulturelle Gepäck lässt sich eben nicht einfach abschütteln.

Eine Strategie zur Sicherung des Lebensstandards in Neuseeland ist das Nachholen von vermissten Dingen, das auch die Varianten ‚mitbringen lassen' und ‚schicken lassen' mit einschließt.

Urlaube oder Besuche in Deutschland werden gerne dazu genutzt, vermisste Dinge nachzuholen oder sich einen Vorrat an Lieblingsnahrungsmitteln mit nach Neuseeland zu nehmen. Der Heißhunger auf deutsche Speisen wird schon während des Aufenthalts in Deutschland weitgehend gestillt, häufig werden schon auf dem Flughafen die ersten deutschen Lebensmittel gierig verschlungen. Das Gefühl des Nach-Hause-Kommens ist eng an die Geschmackserlebnisse geknüpft, die man in Neuseeland entbehren musste.

Oft wurde mir von Auswanderern von der Praxis berichtet, nur das Nötigste an Kleidung mit nach Deutschland zu nehmen und einen leeren Koffer mitzuführen, um das Vakuum im Gepäck mit Haribo-Gummibärchen, Milka-Schokolade, Maggi-Würze, Knödelpulver usw. für die Rückreise zu füllen.

Per Luftpost lässt sich Vermisstes nachschicken.

Des Weiteren werden die Bestände an eingelagerten Besitztümern durchforstet und vermisste oder wieder entdeckte persönliche Dinge, die noch in den Koffer passen, werden eingepackt. Fast alle Auswanderer nutzen bei ihren Heimaturlauben die Möglichkeit, in Neuseeland schwer oder gar nicht erhältliche Dinge zu kaufen. Einige schätzen die große Auswahl an Kleidung und kaufen großzügig ein, andere schaffen sich gezielt Souvenirs aus ihrer Heimatregion[271] an.

Deutsche, die Neuseeland als Touristen bereisen oder die Auswanderer besuchen, werden häufig für Bringdienste eingespannt. Die Objekte der Begierde der Auswanderer können wiederum persönliche Dinge sein, die in Deutschland deponiert wurden und nun in Neuseeland benötigt werden. Oder es handelt sich um eine individuelle Palette an deutschen Produkten, die den Besuchern auf Nachfrage genannt wird. Einige Auswanderer führen sogar detaillierte Bestelllisten.

Beliebt sind neben Süßigkeiten vor allem deutsche Zeitschriften (Der Spiegel, Brigitte etc.), Filme auf Deutsch und deutsche Musik.

Bei den meisten Auswanderern meines Samples sind regelmäßig eintreffende Postsendungen aus Deutschland, die an die amerikanischen ‚Care-Pakete' erinnern, beliebte Gaben. In den meisten Fällen werden diese ‚Überlebenspakete' mit der Lieblingskosmetik, Süßigkeiten (z.B. Nürnberger Lebkuchen, Niederegger-Marzipan), Zeitungsartikel, aktuellen Fotos etc. von den Eltern, speziell von den Müttern zusammengestellt und verschickt. Nur selten wurden die Produkte von den Auswanderern geordert, die Eltern schicken die Pakete auch ohne Aufforderung und scheuen keine Mühen und Kosten, um ihrem Kind eine Aufmerksamkeit zukommen zu lassen. Sogar selbstgebackene Weihnachtsplätzchen[272] werden in der Vorweihnachtszeit per Post nach Neuseeland 'geschmuggelt', damit die Auswanderer diese im neuseeländischen Hochsommer nicht missen müssen.

Hier gilt Ähnliches wie für den sonntags bei Muttern verspeisten Kuchen: Die Nabelschnur setzt sich durch die Bereitung und den Verzehr des Lieblingsgebäcks fort, stärkt die Mutter-Kind-Bindung und reicht, wenn es sein muss, sogar bis ans andere Ende der Welt.[273]

Der Bedeutungswandel der mitgebrachten Dinge in Neuseeland

Die meisten Auswanderer bezweifelten, im Interview darauf angesprochen, dass die aus Deutschland mitgebrachten Dinge in Neuseeland einen Bedeutungswandel erfuhren oder sich der Umgang mit den Dingen verändere. Das könnte zum einen daran liegen, dass nur die Dinge für wert befunden wurden, nach Neuseeland mitgenommen zu werden, die sowieso schon eine besondere Bedeutung für ihre Besitzer hatten. Zum anderen könnte die ablehnende Haltung der Interviewpartner daran liegen, dass die Frage nach dem Dingbezug ihnen zu intim erscheint und deshalb pauschal verneint wird oder aber der Dingbezug beziehungsweise der Dingumgang unbewusst abläuft und bisher nie reflektiert wurde. Einige Auswanderer, die schon länger in Neuseeland leben, sind jedoch der Meinung, dass die mitgebrachten Dinge wichtiger werden:

Jutta Kaiser-McKenzie: „[...] *die Kommode von meiner Mutter, klar, die wird schon wichtiger [...] das wird schon noch wertvoller, weil´s gerade (betont) nur des is!*"[274]

Auch die Glasengelchen, die Sandra Buck zur Erstkommunion geschenkt bekommen hat und selbstverständlich mit nach Neuseeland nahm, erhielten im Zuge der Auswanderung ihren hohen Stellenwert. Ihre wahre Bedeutung wurde Sandra erst bewusst, als deren Verlust durch den fünfjährigen Sohn drohte:

> *„Grad heute is es mir bewusst geworden mit diesen Engelchen! Wo ich gedacht hab: ‚Mein Gott, die hab ich ja schon ewig!' Und dann hab ich so drüber nachgedacht - - Weil der Philipp wollt sie nehmen, dann hab ich gesagt: ‚Mensch, jetzt schmeiß mir des bloß nich runter! Wenn du jetzt die kaputt machst, dann werd ich echt traurig!'"*[275]

Die Bedeutung der Engelchen als treue Begleiter und Erinnerungsobjekt an die Kommunion beziehungsweise den Übergang vom Kind zum Mitglied der katholischen Gemeinde, drang erst in jüngster Zeit in Sandras Bewusstsein, vor dem Hintergrund der Migration. Ob die Engelchen ohne die Migrationserfahrung denselben Stellenwert bekommen hätten, ist zweifelhaft.

Wandel des Lebensstils

Der Wandel des Lebensstils der Einwanderer lässt sich am besten anhand von neuen Gewohnheiten und Verhaltensweisen der Migranten zeigen. Aber auch die innere Einstellung kann ein Indiz für den Lebensstilwandel sein.

> *„Und damals war ich eigentlich echt überhaupt gar nich´ so ´n Landmensch oder so. Ich musste schon irgendwie Zivilisation haben: ´n Telefonanschluss, Mobile und Internet und Leute um mich rum. - - Ja, aber das hat sich dann im Laufe der Zeit total verändert, also schon in diesem Jahr. Ich war heilfroh, wenn ich mal ´nen Strand hatte, wo halt überhaupt gar keiner war! Ne, nur ich!"*[276] (Daniel Trust)

Schon während seines Auslandsstudiums setzte bei Daniel, stimuliert durch seine Freundin, ein Prozess des Umdenkens ein. Erst in Neuseeland reflektierte er sein Bedürfnis nach ständiger Erreichbarkeit und begann, die Einsamkeit schätzen zu lernen. Mittlerweile sind ihm materielle Dinge, wie sein Golf, den er in Deutschland mit Stolz fuhr, ziemlich egal. Er genießt es, dass Statussymbole in Neuseeland weniger zählen als menschliche Wärme. Nur wenn ein deutscher Tourist mal wieder sagt „Mensch, in eurer Armut könnt ich nicht leben!", empfindet das Daniel als Angriff auf seinen Lebensstil und ist froh, dass er aus Deutschland weg ist. Dennoch, einige deutsche Verhaltensweisen lassen sich nicht so leicht ablegen, so steckt die deutsche Pünktlichkeit immer noch tief in ihm drin. Allerdings empfindet er sie nicht als Nachteil, sondern vermisst diese Eigenschaft und Disziplin bei den Neuseeländern.

Bei den meisten Einwanderern stellt sich ein Kulturmix, etwa aus deutscher Gemütlichkeit und neuseeländischem *Outdoor-Living* ein. Bedingt durch das gute Wetter verlagert sich das Leben mehr nach draußen, wo man gern und häufig *Barbecues* veranstaltet.

Am wenigsten Veränderungen lassen sich am Essen der Einwanderer und ihrer Art, Weihnachten zu feiern, feststellen. Während die Liste der vermissten deutschen Esswaren sofort abgerufen werden kann, fällt den Einwanderern erst auf mehrmalige Nachfrage und anhand von Beispielen eine neuseeländische Speise oder eine neues Lebensmittel ein, das sie in Neuseeland für sich entdeckt haben.

Barbecues gehören in Neuseeland an Weihnachten einfach dazu.

T.S.M.: *„Hm. Und gibts dann auch Sachen, die ihr hier jetzt nicht mehr missen wollt, an hiesigen Lebensmitteln?"*
Sandra: - - - - - *(überlegt lange und verzieht angestrengt das Gesicht)*
T.S.: *(lacht)*
Sandra: - - *„Dr Wein isch net schlecht!"*[277]

Der Speiseplan bleibt auf unabsehbare Zeit bei den meisten Auswanderern deutsch beziehungsweise international. Nur einzelne Elemente wie *Green-lipped-Mussels*, *Golden Kiwis* und *Hoki*-Fisch werden in die üblichen Essgewohnheiten integriert.

Weihnachten wird vom überwiegenden Teil des Samples weiterhin am 24. Dezember, also an Heiligabend, gefeiert und nicht, wie bei den Neuseeländern, am Morgen des 25. Dezember.

Übereinstimmend wird das deutsche Weihnachten vermisst[278]. Der neuseeländische

„Weihnachtskitsch" und die Tatsache, dass die Adventszeit in den Hochsommer fällt, widerstrebt den meisten Auswandern innerlich und wird nicht nur von Britta Rösner als Zumutung empfunden:

Britta: *„Und du stehst dann in so ´ner Mall drin, in irgend ´nem Geschäft, und dann dudeln sie dir wirklich stundenlang die Weihnachtslieder in die Ohren."*

T.S.M.: *„Ja!" (lacht)*

Britta: *„Und du denkst so: ‚Was machen die hier alle? Das is doch so unnormal! Des passt net!' Und da war halt schon bei mir, im Kopf, die Erinnerung ständich: an Kälte, an Weihnachtsmärkte, an gemütliches Zu-Hause-Sein, an frühe Dunkelheit, an Kerzen auf m Tisch, eine geschmückte Wohnung, ich bin sehr traditionell, was des angeht! Bei mir is es quasi, wirklich am ersten Advent dann die Wohnung - - weihnachtlich, sozusagen. - - - (Druckst rum) Und plötzlich hatt ich das unbedingte Bedürfnis: ‚Ich will hier weg! Ich will hier nur noch weg!' - -‚Ich will jetzt nach Hause, ich will jetzt irgendwo auf m Weihnachtsmarkt stehen können und ich will es gemütlich haben!"*[279]

Mit besinnlichem *Cocooning* hat der neuseeländische Weihnachtsrummel nun einmal nichts gemeinsam. Mit Nikolausmützen und Weihnachtscrackern als wesentlichen Bestandteilen sämtlicher *Christmas-Parties* geht es ausgelassen und lustig zu wie beim Kölner Karneval. Auch die *Christmas-Parades* und das gemeinschaftliche Absingen von Weihnachtsliedern in vollbesetzten Rugbystadien ist für die Deutschen eher befremdlich.

5. Fazit: Mit Sack und Pack?

Eingangs stand die Frage nach der Auswanderung von Deutschen im Jahr 2005 in Bezug auf das Gepäck der Auswanderer: ‚Wandern sie mit Sack und Pack aus oder entledigen sie sich ihres Besitzes?'

Die Herangehensweise, das Auswanderergepäck in den Fokus zu nehmen, hat sich bewährt. Es hat sich bestätigt, dass das Gepäck Aussagen und Rückschlüsse auf die Auswanderungsabsichten zulässt, die in Ergänzung mit den Interviews ein komplexes Bild der Auswanderung im Jahr 2005 vermitteln. Es wäre meines Erachtens sehr wünschenswert, wenn der Ansatz, die Migrationsprozesse anhand des Gepäcks zu erforschen, in der Migrationsforschung in Zukunft vermehrt zur Anwendung käme.

In der vorliegenden Studie wurden die Motivationen und individuellen Migrationsprozesse der heutigen Auswanderer vorgestellt und mit den Gepäckvarietäten in Beziehung gesetzt. Die Faktoren der Gepäckauswahl und die jeweiligen Strategien im Umgang mit der Habe in Deutschland und Neuseeland habe ich herausgearbeitet. Der Wandel der Dingbedeutungen der mitgebrachten Dinge in Neuseeland und der Wandel der Lebensstile der Auswanderer wurden ebenfalls aufgezeigt. Die wichtigsten Ergebnisse sollen im Folgenden zusammengefasst werden.

Die heutigen Auswanderer meines 17 Probanden umfassenden Samples verfolgen mit der Auswanderung nach Neuseeland die Verwirklichung ihrer Lebensentwürfe. Im Jahr 2005, als der deutsche Aktien- und Arbeitsmarkt stagnierte, wurden jedoch zunehmend die Furcht vor Arbeitslosigkeit und Zukunftsängste als Motivationen genannt, Deutschland den Rücken zu kehren. Ein Motiv, das uns aus der historischen Auswanderungsforschung wohl bekannt ist, kehrt hier wieder zurück. Die Auswanderungsbedingungen und -voraussetzungen sind jedoch heute völlig andere als zu Zeiten der Massenauswanderung, wie ich am Beispiel der Einreisebestimmungen und Entscheidungshilfen, besonders anhand der modernen Kommunikationsplattform Internetforum, veranschaulicht habe. Auch die Mobilität der Migranten ist heute durch erschwingliche Flugtickets ungleich höher als damals. Die Vorstellung, jederzeit in das nächste Flugzeug steigen und nach Deutschland fliegen zu können, und die Möglichkeit, durch moderne Telekommunikationsmittel wie Telefon und Internet den Kontakt zu den Lieben aufrechterhalten zu können, trösten die Auswanderer darüber hinweg, dass sie 20 000 Kilometer fern der Heimat sind. Einige der heutigen Auswanderer sprechen dann auch lieber vom ‚Umzug nach Neuseeland', als von ‚Auswanderung'.

Ich habe die Parallelen der historischen und heutigen Auswanderung aufgezeigt, die in dem unveränderten Erfordernis bestehen, dass die Auswanderer ihr Hab und Gut reduzieren müssen und nur eine Auswahl an Dingen mitnehmen können.

Trotz der Angleichung der Produktpaletten durch die globalen Märkte und der Tatsache, dass Neuseeland ein hoch entwickeltes Land ist, haben wir gesehen, dass die Auswanderer doch überwiegend dazu tendieren, möglichst viele Dinge mitzunehmen. Und zwar sowohl Gebrauchsgegenstände als auch Dinge von symbolischer Bedeutung.

Das individuelle Auswanderergepäck unterscheidet sich nicht so sehr in der Vielfalt der Dinge, als vielmehr in der Anzahl der Dinge und ihrem Volumen.

Ich habe alle Gepäckvarietäten vom Container bis zum Rucksack bei meinen Interviewpartnern vorgefunden und ihre jeweiligen Gründe nachvollzogen. Daraus wurden die Faktoren ersichtlich, welche die Gepäckauswahl maßgeblich beeinflussten, nämlich Alter, Biographie und Besitz, temporäres oder permanentes Visum, Motivationen und Zukunftspläne, Geschlecht und Familienstand, sowie die finanzielle Situation der Auswanderer. Wobei letztere im Falle der unterstützten Übersiedlung allein ausschlaggebend ist, denn sobald ein Sponsor (zukünftiger Arbeitgeber) sich bereit erklärte, für die Umzugskosten aufzukommen, wurden alle bisherigen Vorsätze zur Reduzierung der Habe über Bord geworfen: Dann war keine Rede mehr

Wer es sich leisten kann, wandert mit Sack und Pack aus.

von der reinigenden Wirkung des Entrümpelns, dann wurde gnadenlos eingepackt, was nicht niet- und nagelfest war. Wer kann, wandert „mit Sack und Pack" nach Neuseeland aus.

Das könnte man mit dem Zeitgeist ‚Geiz ist geil' oder ‚nix verkommen lassen' begründen, schließlich bekommt man nicht alle Tage einen Containerumzug gratis. Oder, wie ich vorschlage, mit dem tiefen Bedürfnis des Menschen in Übergangssituationen möglichst viele Dinge aus der vertrauten Umwelt in die neue mit hinüber zu nehmen, um das Einleben zu erleichtern. Das radikale Sich-Trennen von allen materiellen Dingen hingegen ist keine Eigenschaft, die dem Mensch in die Wiege gelegt wurde. Auch Daniel Trust, der einzige Rucksackreisende im

Sample, berichtet von seinem Gesinnungswandel als langem Lernprozess zur finalen Erkenntnis *„weniger ist mehr"*.

Mit Tilmann Habermas habe ich die aussortierten beziehungsweise eingepackten Objekte der Auswanderer nach ihren Funktionen und Konnotationen kategorisiert und gedeutet. Ebenso wichtig erschien mir jedoch der Umgang mit den Dingen, auf den ich einen Schwerpunkt des Buches legte. An den vielfältigen Strategien, die die Auswanderer anwenden, um ihre Habe zu reduzieren, zu bewahren oder zu ergänzen, führten uns vor Augen, wie komplex die Entscheidungsprozesse bis zur Durchführung des jeweiligen Vorgangs sind.

Ob etwas verkauft oder verschenkt wird, um ein konkretes Beispiel zu nennen, hängt zum einen von dem materiellen und ideellen Wert des Gegenstands ab, zum anderen von der finanziellen Lage des Besitzers, seiner persönlichen Einstellung zu materiellen Dingen im Allgemeinen und seiner persönlichen Beziehung zu dem betreffenden Objekt im Besonderen.

Diese Entscheidungen dienen aber nicht nur der Reduzierung der Habe oder ähnlichem, sondern setzen auch einen Reflexionsprozess in Gang, der für die Bewältigung der Emigration eminent wichtig ist. Die Dinge, die im weitesten Sinne mit dem Akt des Schenkens zu tun haben (verschenken, verleihen, Abschiedsgeschenke) übernehmen eine verbindende Funktion zwischen Geber und Empfänger. Dasselbe gilt für das Einlagern von geliebten Dingen und das Schickenlassen von deutschen Zeitschriften oder Süßigkeiten, wobei auf die wichtige Rolle der Eltern hingewiesen wurde. Die Gaben haben also die Funktion, auch über eine große räumliche Distanz die Verbindung zwischen Menschen zu stärken.

In Neuseeland setzten sich die Strategien der Einwanderer im Umgang mit der Habe fort, wobei gezeigt wurde, dass die Innovation eine eher untergeordnete Rolle spielt. Die Strategien zur Lebensstandard- und Identitätsbildung sind hingegen stark ausgeprägt. Nach dem Motto ‚Not macht erfinderisch' denken sich die Auswanderer immer neue Mittel und Wege aus, um die vermissten Güter, allen voran deutsches Essen, zu besorgen. Entweder man holt die begehrten Objekte nach, lässt sie sich schicken beziehungsweise mitbringen oder man behilft sich und bäckt beispielsweise das Brot selbst. Die Einwanderer legen einen Einfallsreichtum an den Tag, der an den Pioniergeist der *Early Settlers* erinnert.

Der Lebensstil der Auswanderer ändert sich zunehmend, je länger sie in Neuseeland sind, was sich an den neuseeländischen Speisen, dem Angleichen des Festefeierns, dem veränderten Arbeits- und Freizeitverhalten und dem neuen Selbstgefühl der Einwanderer ablesen lässt. Weihnachten widersteht der Assimilation jedoch am meisten.

Auch die Bedeutung der mitgebrachten Objekte verändert sich, wie wir an zwei Beispielen sehen konnten. Durch den biografischen Einschnitt der Emigration werden die einem wertvollen Dinge zu einem Teil der Identität oder im Extremfall als Teil des eigenen Körpers wahrgenommen. Nach erfolgreicher Integration in der neuen Umgebung können die Bedeutungen der Dinge jedoch in den Hintergrund treten und Platz für Neues machen.

Ein groteskes, aber nichtsdestoweniger gutes Beispiel für diese Bedeutungswandlung ist das Piano in Jane Campions gleichnamigem Film. Ada bringt das Piano den weiten Weg von Schottland ans andere Ende der Welt und nimmt viele Strapazen auf sich, um den Zivilisationsgegenstand in der Wildnis Neuseelands bei sich zu haben. Von ihrem zukünftigen Ehemann Stewart, aber auch von den Maori, die ihre Habseligkeiten zu der Behausung tragen sollen, erntet sie nichts als unverhohlenes Unverständnis: „Meinen Sie, Sie verzichten eher auf Ihre Kleidung oder Ihre Küchengeräte?", fragt Stewart ungläubig.

Vom Ende des Films gesehen wirkt diese Aussage wie der blanke Hohn, denn Ada wird nicht nur auf den Luxus ihrer Vergangenheit verzichten, sondern ihren Körper verkaufen, um das Piano zurückzubekommen. Sie wird sich seinetwegen einen Finger abhacken lassen und beinahe mit dem Piano im Meer versinken.

Es bedeutet ihr alles, denn Ada ist stumm und kommuniziert, indem sie das Piano spielt. Mehr noch, wenn sie es spielt, ist Ada eins mit ihrem Piano, sie *ist* das Piano.

Am Ende des Films wird sie das „befleckte" Objekt über Bord werfen. Aber dadurch, dass Ada regelrecht an ihm ‚hängt', nämlich durch ein Tau, welches das Piano mit ihrem Fußknöchel verbindet, ertrinkt sie beinahe. Ada ‚löst' sich von ihrer Prothese und taucht auf, während das Piano auf dem Grund des Meeres begraben wird. Nach diesem Neuanfang braucht sie das Piano nicht mehr.

Ada ist in Neuseeland angekommen und will sprechen lernen.

6. Literaturverzeichnis

Ackermann, Andreas: Ethnologische Migrationsforschung. Ein Überblick. In: kea - Zeitschrift für Kulturwissenschaften 1997, H 10, S. 1-28.

Appadurai, Arjun: Globale ethnische Räume: Bemerkungen und Fragen zur Entwicklung einer transnationalen Anthropologie. In: Beck, Ulrich (Hg.): Perspektiven der Weltgesellschaft. S. 11-40.

Assion, Peter: Von Hessen in die neue Welt. Eine Sozial- und Kulturgeschichte der hessischen Amerikaauswanderung mit Text- und Bilddokumenten. Frankfurt/ Main 1987.

Bade, James N.: Eine Welt für sich. Deutschsprachige Siedler und Reisende in Neuseeland im 19. Jahrhundert. Bremen 1998.

Barthes, Roland : Für eine Psycho-Soziologie der zeitgenössischen Ernährung. In: Freiburger Universitätsblätter 1982, H 75, S. 65-73.

Bausinger, Hermann: Auf dem Weg zu einem neuen, aktiven Heimatverständnis. In: H. G. Wehling (Hg.): Heimat heute. Stuttgart 1984, S. 11-27.

Beck, Ulrich/ Beck-Gernsheim, Elisabeth: Nicht Autonomie, sondern Bastelbiographie. Zeitschrift für Soziologie 1993, H 3, S. 178-187.

Bernard, Russell H.: Research Methods in Anthropology. Qualitative and Quantitative Approaches. Thousand Oaks 1994.

Bhabha, Homi K.: Die Verortung der Kultur. Tübingen 2000.

Bhabha, Homi K.: The Location of Culture. London 1994.⬚

Boll, Klaus: Kulturwandel der Deutschen aus der Sowjetunion. Eine empirische Studie zur Lebenswelt Russlanddeutscher Aussiedler in der Bundesrepublik. Marburg 1993.

Bönisch-Brednich, Brigitte: Auswandern – Destination Neuseeland. Eine ethnographische Migrationsstudie. Berlin 2002.

Borg, Inge: Free at Last. Paraparaumu 1996.

Bräunlein, Peter J./ Lauser, Andrea: Grenzüberschreitungen, Identitäten. Zu einer Ethnologie der Migration in der Spätmoderne. In: kea – Zeitschrift für Volkskunde 1997, H 10, S. I-XVIII.

Brednich, Rolf W.: Die Spinne in der Yucca-Palme. Sagenhafte Geschichten von heute. München 1990.

Brednich, Rolf W.: Quellen und Methoden. In: ders. (Hg.): Grundriss der Volkskunde. Einführung in die Forschungsfelder der Europäischen Ethnologie. Berlin 1988.

Bruhns, Annette/ Theile, Merlind: „So weit wie möglich nach Westen". In: Der Spiegel 2006, H. 17, S. 48-52.

Bundesverwaltungsamt - Informationsstelle für Auswanderer und Auslandstätige - (Hg.): Länderinformation Neuseeland. Köln 2006.

Burkhardt-Kaipf, Martina: „Da hat's die Weihnachtskerzen umgebogen, bei der Hitze!" Eine Studie zur Akkulturation deutscher Auswanderer in Australien. (maschinenschriftliche Magisterarbeit) Tübingen 1989.

Clifford, James: Travelling Cultures. In: Lawrence Großberg u.a. (Hg.): Cultural Studies. New York 1992. S. 96-116.

Eisenberger, Uwe Hermann: Migration – Lebensstilelement und alternativer Lebensentwurf – Deutsche Einwanderer in Australien und Neuseeland seit Ende der 1970er Jahre. Augsburg 1999.

Elster, Antonio E.: Neuseeland – Handbuch für Auswanderer. Stuttgart 1997.
Finkelstein, Kerstin E.: Ausgewandert. Wie Deutsche in aller Welt leben. Berlin 2005.

Friebertshäuser, Barbara: Interviewtechniken – Ein Überblick. In: Dies. u.a. (Hg.): Handbuch Qualitative Forschungsmethoden in der Erziehungswissenschaft. Weinheim 1997, S. 371-395.

Friebertshäuser, Barbara: Feldforschung und teilnehmende Bobachtung. In: Dies. u.a. (Hg.): Handbuch Qualitative Forschungsmethoden in der Erziehungswissenschaft. Weinheim 1997, S. 503-534.

Girtler, Roland: Methoden der Feldforschung. 4. Aufl. Wien 2001.

Habermas, Tilmann: Geliebte Objekte. Symbole und Instrumente der Identitätsbildung. Frankfurt/ Main 1999.

Hahn, Peter (Hg): Für immer Neuseeland. Erfolgreich auswandern. Fakten, Tipps und Auswanderer-Porträts. Blankenburg 2006.

Hermanns, Harry: Interviewen als Tätigkeit. In: Uwe Flick (Hg.): Qualitative Forschung. Ein Handbuch. 3. Auflage Hamburg 2004, S. 360-368.

Hofmann, Nina: Die Hochzeit als Aktionsraum. Schenken und Unterstützen im Spiegel persönlicher Beziehungen. Eine empirische Fallstudie (maschinenschriftliche Magisterarbeit). Tübingen 2004.

Keupp, Heiner u.a.: Identitätskonstruktionen. Das Patchwork der Identitäten in der Spätmoderne. Hamburg 1999.

König, René : Das Interview. Formen – Technik – Auswertung . 9. Aufl. Köln 1974.

Köstlin, Konrad: Heimat geht durch den Magen. Oder: Das Maultaschensyndrom – Soul-Food in der Moderne. In: Beiträge zur Volkskunde in Baden-Württemberg 1991 H 4, S. 147-164.

Marbacher Zeitung: „In der Fremde winkt die Karriere". In: Marbacher Zeitung vom 18.2.2006, S. 13.

Marchetti, Christian : 30 Werden. Erkundungen an einer Altersschwelle. Tübingen 2005.

Marcus, George E. : Ethnography in/of the World System The Emergence of Multi-Sited Ethnography. In: Annual Review of Anthroplogy 1995, Bd. 24, S.95-117.

Mauss, Marcel : Die Gabe. Form und Funktion des Austauschs in archaischen Gesellschaften. Frankfurt/ M. 1968 (Französisch zuerst 1925).

Mihm, Andrea: Packend – Eine Kulturgeschichte des Reisekoffers. Marburg 2001.

Muirhead, Joy: Living and Working in New Zealand: How to Build a New Life in New Zealand. Oxford 2003.

Muirhead, Joy: How to live and work in New Zealand. Oxford 1993.

Sackstedt, Ulrich: Auf nach Down Under. Auswanderergeschichten aus Australien. 3. überarbeitete und ergänzte Auflage. Welver 2005 (1. Auflage 1991).

Sackstedt, Ulrich/ Hayit, Ertay: Auswandern nach Neuseeland. Viele Tipps und Infos zu Visum und Einreise, Jobsuche und Leben. Köln 2005.

Schnell, Rainer/ Hill, Paul B./ Esser, Elke: Methoden der empirischen Sozialforschung. München, 1999.

Schubert, Tanja: Trennen und zusammennähen. In: Warneken, Bernd Jürgen (Hg.): Bewegliche Habe. Zur Ethnografie der Migration. Tübingen 2003, S. 22-25.

Simon, Michael: Der Umzug als volkskundliches Thema. In: Volkskunde in Rheinland-Pfalz 2005, H 2, S. 20-28.

Sporrer, Susanne: Vorwort. Zeitschrift für Kulturaustausch (ZfK) 1989, H 3, S. 237-242.

Statistisches Bundesamt: Statistisches Jahrbuch 2005.

Süddeutsche Zeitung: „Auswanderer in Neuseeland – Glücklich auf der Insel". In: Süddeutsche Zeitung vom 03.09.2004. www.sueddeutsche.de/wirtschaft/artikel/588/38550/ (Rev. 05.04.2006).

Tolksdorf, Ulrich : Essen und Trinken in alter und neuer Heimat. Zur Frage des Geschmacks-Konservatismus. In: Jahrbuch für ostdeutsche Volkskunde 1978, H 21, S. 341-364.

Warneken, Bernd Jürgen (Hg.): Bewegliche Habe. Zur Ethnografie der Migration. Tübingen 2003.

Warneken, Bernd Jürgen/ Wittel, Andreas : Die neue Angst vor dem Feld. Ethnographisches research up am Beispiel der Unternehmensforschung. Zeitschrift für Volkskunde (ZsfVk), 1997, H 93, S. 1-16.

Welz, Gisela: Inszenierungen kultureller Vielfalt. Frankfurt am Main und New York City. Berlin 1996.

Welz, Gisela: Moving Targets: Feldforschung unter Mobilitätsdruck. In: Zeitschrift für Volkskunde (ZsfVk) 1998, H 94, S.177-194.

Wevers, Lydia: Travelling New Zeland. An Oxford Anthology. Auckland/ Oxford 2000, S. 2.

Internetseiten:

www.australien-neuseeland-forum.de u.ä. (Rev. 12.4.2006)
www.brauer-bund.de/presse/pressetexte.php?id=444 (Rev. 4.6.2006.)
www.customs.govt.nz (Rev. 15.6.2006)
www.destatis.de/basis/d/bevoe/bev_bsp_t3.php [Website des Statistischen Bundesamtes] (Rev. 12.4.2006)
www.nz-village.com/immigration (Rev. 12.04.2006)
www.nz-village.com (Rev. 16.6.2006)
www.sueddeutsche.de/wirtschaft/artikel/588/38550/ (Rev. 05.04.2006).

TV - Dokumentationen:

„Deutschland ade." Dokumentarfilm in sechs Folgen, ARTE/ SWR, Sendedaten (Erstausstrahlung bei ARTE): 12.-16.9.2005, Regie: Arpad Bondy.

„Blonde Fracht. Glückssuche in Neuseeland." Bayerischer Rundfunk, Sendedatum: 13.9.1995, Regie: Klaus Tümmler.

Spielfilm:

„Das Piano", NZ/ F 1993, Regie: Jane Campion.

7. Anhang

Anhang 1: Aufruf im Internetforum

Verfasst am: Fr Aug 12, 2005 4:28 pm   Titel: Wer wandert in den nächsten Monaten nach NZ aus?

Kia ora! Ich bin neu im Forum (verfolge es aber schon ne Weile mit großem Interesse, deshalb stelle ich mich kurz vor. Ich heiße Tanja, bin Studentin in Tübingen und seit meinem Studienjahr in Wellington 2003 hab ich auch einen Kiwi als Freund. Der weilt mittlerweile in Deutschland, weil so ne Fernbeziehung irgendwie nix is, aber der Plan ist natürlich möglichst schnell zusammen nach NZ zu gehen! Vorher muss ich aber noch meine Magisterarbeit schreiben und hier brauche ich dringend eure Unterstützung Ich suche Leute aus Deutschland, die in den nächsten Monaten nach NZ auswandern oder Deutsche, die bereits dort sind (möglichst nicht länger als zwei Jahre). Im November-Dezember werde ich in NZ sein, also wäre es mir auch möglich, dort Auswanderer zu treffen. Idealerweise würde ich ein Interview mit den Auswanderern in Deutschland vor der Abreise nach NZ führen und eines dann vor Ort, nach dem ersten Einleben. Alle Daten werden selbstverständlich vertraulich behandelt. Wenn ihr also Interesse habt, bei meinem Projekt als Interviewpartner mitzumachen, dann meldet euch schnell bei mir! Und falls ihr Leute kennt, die ebenfalls auswandern oder in NZ leben, dann schickt ihnen doch bitte meine E-mail weiter! Auch für alle anderen Tipps zum Thema bin ich natürlich dankbar. Freu mich auf eure Rückmeldungen! Cheers, Tanja

Anhang 2: Interview-Leitfaden für Neuseelandauswanderer in Deutschland

I. Der Entschluss auszuwandern:

1. Wann kam Ihnen zum ersten Mal der Gedanke auszuwandern?
2. Gab es „Schlüsselerlebnisse", die bei dem Entschluss auszuwandern eine Rolle spielten?
3. Ging der Impuls auszuwandern von einem aus? Wie fühlt sich der Partner?
4. Welche Motivationen haben Sie, auszuwandern (mangelnde Aufstiegschancen in D, kulturelle Wünsche)?

II. Kontakte und Kenntnisse zu Neuseeland:

5. Warum Neuseeland?
6. Waren Sie schon einmal in Neuseeland?
7. Kennen Sie Neuseeländer (in Deutschland oder Neuseeland)?
8. Haben Sie Kontakt zu anderen Auswanderern? Wie kam der Kontakt zustande?
9. Haben Sie Kontakt zu ausgewanderten Deutschen, die bereits in Neuseeland leben? Wie kam der Kontakt zustande?
10. Welche Informationsquellen über Neuseeland und die Auswanderung haben Sie benutzt?
11. Haben Sie Internetforen genutzt? Wie sind Ihre Erfahrungen damit?

III. Angaben zur Situation in Deutschland:

12. Welchen Beruf haben Sie in D ausgeübt? Haben Sie gekündigt oder sind Sie gekündigt worden?
13. Wie würden Sie Ihren sozialen Status in Deutschland bezeichnen?

14. Sind Sie eher gut situiert, haben Sie ein kleineres Vermögen oder eher wenig Vermögen?
15. Ist eine Erbschaft zu erwarten, z.b. Erbstücke (Haus, Möbel, Geschirr etc.)?
16. Wie würden Sie Ihre Wohnsituation in D beschreiben (eigenes Haus, Mietshaus, Whg. etc.; Großstadt, Land etc.)?
17. Was passiert mit der Eigentumswohnung/ dem Eigenheim? (vermietet, verkauft)? An Bekannte? Können Sie dorthin zurück?
18. Was für Wertgegenstände besitzen Sie (Auto, Sportgeräte etc.)?
19. Welche Hobbys üben Sie aus?
20. Wie verbringen Sie gerne Ihren Urlaub?

IV. Die Visaformalitäten und die Vorbereitungen:

21. Beschreiben Sie die Vorbereitungen für die Einreise vom ersten Entschluss bis heute!
22. War es schwierig für Sie, ein Visum zu bekommen? Wie viel Punkte haben Sie im EOI (Expression of Interest) erreicht?
23. Wie würden Sie Ihre Englischkenntnisse einschätzen? Wie haben Sie Englisch gelernt (Schule, VHS-Kurse, Ausland, Kurse in NZ)?
24. Haben Sie schon längere Zeit im Ausland gelebt? (englischsprachig?)
25. Haben Sie einen professionellen Berater in Anspruch genommen?
26. Wie viel hat Sie der Visumsprozess gekostet?
27. Mit welchem Visum reisen Sie nach Neuseeland ein? Welchen Aufenthaltstatus streben Sie dort an?

V. Die Finanzierung:

28. Wie finanzieren Sie die Einreise nach Neuseeland?
29. Unterstützen Ihre Eltern, Geschwister oder Freunde Ihr Vorhaben finanziell?
30. Wurde etwas verkauft, um die Reise zu finanzieren?

VI. Das Packen:

31. Werden Sie nur Reisegepäck mitnehmen oder mit Container übersiedeln?
32. Werden Sie einen Container nachholen, sobald Sie in Neuseeland einen Wohnsitz haben? Wie haben Sie das organisiert?
33. Was werden Sie mitnehmen? Bitte möglichst ausführlich (s. Packliste)!
34. Warum nehmen Sie diese Dinge mit (extra für Reise gekauft, schon gehabt, praktische Zwecke, Erbstücke, Souvenirs)?
35. Welche Dinge sind in Deutschland günstiger oder besser (Klischeés)?
36. Was werden Sie zurücklassen? Bitte möglichst ausführlich (Liste)!
37. Warum nehmen Sie diese Dinge nicht mit?
38. Was passiert mit den Dingen, die Sie zurücklassen (behalten, verkaufen, verleihen, verschenken)?
39. Wer packt oder hat gepackt? Wer hat mitgeholfen?
40. Wie geht es Ihnen beim Aussortieren? Fällt die Auswahl leicht?
41. Gibt es Dinge, die Ihnen in Deutschland nicht so viel bedeuteten, auf die Sie in Neuseeland aber auf keinen Fall verzichten möchten?
42. Wenn Sie nur drei persönliche Dinge mitnehmen könnten, was würden Sie auf jeden Fall einpacken?

VII. Der Abschied:

43. Welche Reaktionen kamen von Eltern, Geschwistern, Verwandten, Freunden, Kollegen, Nachbarn etc. als sie Ihnen erzählten, dass Sie nach Neuseeland auswandern werden?
44. Was werden Sie in den letzten Tagen in Deutschland machen?
45. Haben Sie eine Abschiedsparty organisiert? Wie werden Sie sich von Ihrer Familie und Ihren Freunden verabschieden?
46. Wer begleitet Sie zum Flughafen?

VIII. Erwartungen und Ängste im neuen Land:

47. Welche Erwartungen haben Sie an das Einreiseland?
48. Was wird wohl besser bzw. schlechter als in Deutschland sein?
49. Welche Ängste und Befürchtungen haben Sie?
50. Wie wollen Sie Ihre Integration in Neuseeland vorantreiben?

XI. Angaben zum (angestrebten) Wohnsituation in Neuseeland:

51. Wo werden Sie in Neuseeland (Großstadt/ Großstadtvorort/ Mittelstadt/ Kleinstadt/ auf dem Land) leben?
52. Werden Sie dort ein Haus/ eine Wohnung mieten oder kaufen?
53. Sehen Sie das als Verbesserung oder Verschlechterung gegenüber Ihrer Wohnsituation in D?

X. Angaben zur beruflichen Situation in Neuseeland:

54. Haben Sie bereits einen Job in Neuseeland?
55. Ist ihr Job in NZ Ihrer Qualifikation entsprechend?
56. Ist der Job gegenüber D eine Verbesserung oder Verschlechterung? Wie ist die Bezahlung?

XI. Rückkehr nach Deutschland:

57. Haben Sie darüber nachgedacht, wieder nach Deutschland zurückzukehren?
58. Was wäre die Motivation für Sie, wieder in Deutschland zu leben?
59. Was müsste sich in Deutschland ändern, damit Sie zurückkommen?
60. Wie würden Sie persönlich eine Rückkehr nach Deutschland bewerten?

XII. Kontakt nach Deutschland:

61. Wie werden Sie mit Ihrer Familie und Ihren Freunden in Deutschland in Kontakt bleiben?
62. Sind bereits Urlaubsreisen nach Deutschland bzw. Neuseeland geplant?
63. Was glauben sie, wie werden sich Ihre Kontakte nach Deutschland nach der Auswanderung entwickeln?

Anhang 3: Packliste

Praktische Dinge:
Möbel

Haushaltsgegenstände
Waschmaschine, Kühlschrank, Gefriertruhe
Bettdecke, Kissen, Bettwäsche, Handtücher
Geschirr, Besteck
Kleidung, Schuhe

Freizeitausrüstung und Technik:
Computer, Drucker, Stereoanlage, Sportgeräte, Auto

Persönliche Dinge:
Erbstücke
Schmuck
Erinnerungsstücke
Fotoalben, Fotos
Fotoapparat, Filme
Briefe
Postkarten, Kalender, Luftbilder von D
Sammlerobjekte
Stofftiere, Kindheitserinnerungen, Selbstgemachtes
Haustiere
Bücher
Musikkassetten, Schallplatten, CDs, Filme
Geschenke

Extra für Neuseeland angeschaffte Dinge:
Reiseführer, Kartenmaterial, Bücher über NZ
Romane über NZ
Freizeitausrüstung, technische Geräte, Koffer, Rucksack

Dinge für den Beruf:
Berufs- oder Studienunterlagen (keine Zeugnisse)
Werkzeug oder Zubehör aus D
Berufskleidung, Uniform
Wörterbuch

Fragen an Auswanderer bezüglich Gepäck:
Was kommt von diesen Sachen ins Handgepäck, was in den Koffer und was in den
    Container?
Was war das für ein Gefühl, den Container auf die Reise zu schicken?

Koffer/ Container/ Rucksack:
Welches Packsystem wählen Sie?
Wurde der Koffer oder Rucksack extra gekauft?
Welche Beziehung haben Sie zu ihrem Koffer/ Rucksack?
Wie viel wiegt ihr Gepäck?
Wie groß ist der Container?
Was kostet das Übergepäck/ der Container?

Zurückgelassene Dinge:
Haus, Eigentumswohnung
Grundstück

Auto, Motorrad
Möbel
Bettwäsche, Handtücher
Kleidung, Schuhe
Haustiere
Pflanzen
Bücher, CDs, Schallplatten, Filme
Rasenmäher, Waschmaschine, Trockner
Sportgeräte
Persönliche Dinge

Fragen an Auswanderer bezüglich Dingumgang:
Welche Dinge wurden verkauft (Reisefinanzierung oder Verlustgeschäft)?
Welche Dinge wurden verschenkt und an wen?
Welche Dinge wurden verliehen und an wen?
Welche Dinge wurden weggeworfen?
Welche Dinge wurden behalten?
Wo werden diese Dinge aufbewahrt und was soll mit ihnen geschehen?
Was hätten Sie gerne mitgenommen, mussten es aber aus Kostengründen oder wegen
    Zollbestimmungen dalassen?

Dingbeziehung:
Welche Erinnerungen/ welche Geschichte verbinden Sie mit diesem Ding?
Warum muss es mit nach Neuseeland?
Welche Rolle spielt es in ihrem Alltag in Deutschland?
Wie oft beschäftigen Sie sich damit?
Denken Sie, dass der Gegenstand seine Bedeutung für Sie in NZ ändern wird?
Dass er etwa unwichtiger oder wertvoller für Sie sein wird? Warum?
Welchen Platz hatte der Gegenstand in ihrer Wohnung in D?
Welchen Platz bekommt er in NZ?

Anhang 4: Fragebogen zur Person

Angaben zur Person:
Name:
Geburtsdatum:
Geschlecht:
Staatsangehörigkeit(en):
Familienstand:
Schulbildung:
Ausbildung/ Studium:
Genaue Berufsbezeichnung:
Beruflicher Werdegang:
Staatsangehörigkeit u. Beruf Ihres Partners:
Anzahl u. Alter des Kindes/ der Kinder:
Angaben zur Elternfamilie:
Namen der Eltern:
Alter der Eltern:
Familienstand der Eltern:
Wohnsituation der Eltern:
Schulbildung/ Berufe der Eltern:

Wie würden Sie den sozialen Status Ihrer Eltern bezeichnen?
Anzahl/ Alter der Geschwister:
Berufe der Geschwister:
Wohnort der Geschwister:

Derzeitige Adresse in Deutschland / Voraussichtliche Adresse in Neuseeland:
Straße:
PLZ, Stadt:
Telefon/ Fax/Handy:
E-Mail:

Anhang 5: Interview-Leitfaden für Wiederholungsinterview in Neuseeland

Fragen an neu angekommene Auswanderer:

a)   Ist das Gepäck/ der Container schon angekommen?
a)   Wenn ja: Was wurde zuerst ausgepackt? Was ist noch in Kisten?
b)   Wenn nein: Auf was freut man sich am meisten?
c)   Bewertung des Gepäcks: zu viel, zu wenig, überflüssig, vermisst, was anders machen?
b)   Welche Neuanschaffungen wurden getätigt? (was, warum, Umgang)
c)   Welche Rolle im Alltag spielen die aus Deutschland mitgebrachten Dinge? (passt nicht her, bleibt in Kiste, in NZ wichtiger, Statussymbol, Erinnerung, Identität, Heimweh-Trost)
d)   Hat sich der Umgang mit den deutschen Dingen in Neuseeland verändert?
e)   Haben sich die Erwartungen erfüllt? (Lebensqualität, Job, Integration, Wohnsituation etc.)

Anhang 6: Interview-Leitfaden für Erstinterviews in Neuseeland
Fragen an bereits dort lebende Auswanderer:
Was wurde aus Deutschland mitgebracht? (Container, Reisegepäck)
Bewertung des Gepäcks aus heutiger Sicht: zu viel, zu wenig, überflüssig, vermisst, was anders machen?
Welche Dinge wurden nachgeholt?
Welche Dinge werden aus Deutschland geschickt/ vom Besuch mitgebracht?
Welche Dinge werden bei Besuchen in Deutschland mitgebracht (Geschenke aus NZ; neuseeländische Accessoires, Greenstone etc.)?
Was würden Sie Neuseelandauswanderern raten auf jeden Fall/ auf keinen Fall aus Deutschland mitzunehmen?
Lässt sich anhand der mitgebrachten und neu erworbenen Dinge eine Einwanderungs-biographie erstellen?
wann (nach wie vielen Monaten/ Jahren oder in welcher Phase) gewinnen bzw. verlieren die mitgebrachten deutschen Dinge an Bedeutung?
Wie hat sich der Umgang mit den mitgebrachten deutschen Dingen verändert (Rolle nach der Ankunft und heute)
Lässt sich der Integrationsgrad der Einwanderer an neuseeländischen Dingen (auch Verhaltensweisen, Essensgewohnheiten, Feste feiern) festmachen?
Haben sich die Bleibe-/ Rückkehrabsichten geändert?
Ist das deutsche Haus (falls vorhanden und zunächst nicht verkauft) nun doch verkauft worden?
Ist man öfter/seltener, als man vorher plante/glaubte, auf Besuch in D?

Anhang 7: Reiseroute

Anhang 8: Übersicht Interviewmaterial

Pseudonyme	Seitenzahl	Dauer
Interview I mit Vanessa Beutler und Helmut Pfefferle	24 Seiten	60 min
Interview II mit Vanessa Beutler und Helmut Pfefferle	55 Seiten	120 min
Interview I mit Lars und Justyna Seidel	58 Seiten	165 min

Pseudonyme	Seitenzahl	Dauer
Interview II mit Lars und Justyna Seidel	46 Seiten	75 min
Interview I mit Britta Rösner und Ulrich Hendriksen	67 Seiten	180 min
Interview II mit Britta Rösner und Ulrich Hendriksen	71 Seiten	200 min
Jutta Kaiser-McKenzie	45 Seiten	105 min
Sandra Buck	37 Seiten	75 min
Nicole Greve	45 Seiten	105 min
Claudia Ballhaus	24 Seiten	60 min
Ulrike Neubauer	43 Seiten	180 min
Thomas Peters	47 Seiten	140 min
Daniel Trust	28 Seiten	80 min
Cornelia Meyer	41 Seiten	115 min
Andreas und Tina Graf	45 Seiten	100 min
Frauke Lindenmann	20 Seiten	55 min
Christina Busch, Raphaels-Werk (Experteninterview)	3 Seiten	10 min

Anhang 9: Bildnachweis

Anja Schönborn: Coverfoto
Rosina Hickman: Portrait der Autorin
Familie McArthur: Seite 10, 17, 28, 33, 60, 80, 81, 104
Familie Meyer: Seite 55, 83, 87, 95, 107
Familie Seidel: Seite 73, 89, ,97, 101
Familie Buck: Seite 90
Inge Borg: Seite 88
Otago Settlers Museum: Seite 67
Wiliam Rolfe and Sons / Museum of New Zealand Te Papa Tongarewa (PF000001): Seite 12

Anmerkungen

1 „Das Piano", NZ/ F 1993, Regie: Jane Campion.

2 Im Folgenden werden die Begriffe Ding, Objekt, sowie im Plural Habe, Besitztümer, Habseligkeiten, soweit nicht genauer definiert, synonym verwendet.

3 Hermann Bausinger : Auf dem Weg zu einem neuen, aktiven Heimatverständnis. In: H. G. Wehling (Hg.): Heimat heute. Stuttgart 1984, S. 11-27, hier: S. 15.

4 Statistisches Bundesamt: Statistisches Jahrbuch 2005, S. 60.

5 Urie Bronfenbrenner zitiert nach Tilmann Habermas: Geliebte Objekte. Symbole und Instrumente der Identitätsbildung. Frankfurt/ Main 1999,. S. 164.

6 Zur Notwendigkeit, das Alltagsphänomen des Umzugs kulturwissenschaftlich zu erforschen, vgl. Michael Simon: Der Umzug als volkskundliches Thema. In: Volkskunde in Rheinland-Pfalz 2005, H 2, S. 20-28.

7 Vgl. www.google.de und www.sommer-republik.de/download/ Dokumentation%20Sommer-Republik %202005%20Webversion.pdf

8 Alle englischen Ausdrücke werden kursiv hervorgehoben.

9 Das *Otago Settlers Museum* in Dunedin zählt zu den bedeutensten Einwanderungsmuseen Neuseelands. Besonders von der Sektion ‚*Across the Ocean Waves*' in der die Schiffspassage der Auswanderer veranschaulicht wird, konnte diese Studie profitieren. Ich besuchte das *Otago Settlers Museum* und sein Archiv am 2.12.2005.

10 Vgl. www.nz-village.com, www.australien-neuseeland-forum.de und ähnliches (Rev. 12.4.2006)

11 Der Auswanderer, der Deutschland verlässt, wird, sobald er in Neuseeland ankommt, zum Einwanderer. Da diese Unterscheidung eine Frage der Betrachtungsperspektive ist, die nicht immer einwandfrei gelöst werden kann, werden die Begriffe Auswanderer, Einwanderer und Migrant synonym verwendet. Aus Gründen der Lesbarkeit soll auf die Schreibweise des Typus ‚AuswanderInnen' verzichtet werden. Selbstverständlich sind auch die Frauen angesprochen, wenn ich von Auswanderern etc. spreche. Die Begriffe Auswanderung und Emigration sind ebenfalls austauschbar.

12 Bernd Jürgen Warneken (Hg.): Bewegliche Habe. Zur Ethnografie der Migration. Tübingen 2003, S. 7.

13 Susanne Sporrer: Vorwort. In: Jetzt wohnst du in einem fremden Land. 1989, H. 3 ZfK (Zeitschrift für Kulturaustausch), S. 239.

14 James N. Bade: Eine Welt für sich. Deutschsprachige Siedler und Reisende in Neuseeland im 19. Jahrhundert. Bremen 1998.

15 James N. Bades „Eine Welt für sich" ist bereits 1993 unter dem Titel „*The German Connection: New Zealand and German-speaking Europe in the Nineteenth Century*" bei der Oxford University Press erschienen.

16 Uwe Hermann Eisenberger: Migration – Lebensstilelement und alternativer Lebensentwurf – Deutsche Einwanderer in Australien und Neuseeland seit Ende der 1970er Jahre. Augsburg 1999.

17 Aufgrund dieser These nahm ich einen weiteren Punkt auf dem Fragebogen auf: „Wie würden Sie den sozialen Status ihrer Eltern beschreiben?"

18 Brigitte Bönisch-Brednich: Auswandern – Destination Neuseeland. Eine ethnographische Migrationsstudie. Berlin 2002, S. 21.

19 Vgl. unter anderem Ulrich Sackstedt/ Ertay Hayit: Auswandern nach Neuseeland. Viele Tipps und Infos zu Visum und Einreise, Jobsuche und Leben. Köln 2005.

Joy Muirhead: Living and Working in New Zealand: How to Build a New Life in New Zealand. Oxford 2003.

Antonio E. Elster: Neuseeland – Handbuch für Auswanderer. Stuttgart 1997.

Joy Muirhead: How to live and work in New Zealand. Oxford 1993.

20 Peter Hahn (Hg): Für immer Neuseeland. Erfolgreich auswandern. Fakten, Tipps und Auswanderer-Porträts. Blankenburg 2006.

21 Kerstin E. Finkelstein: Ausgewandert. Wie Deutsche in aller Welt leben. Berlin 2005.

22 Es ist zwar in dem Sinne kein Ratgeber, da das Buch aber von vielen Auswanderungswilligen gelesen wurde, zähle ich es an dieser Stelle zur Ratgeberliteratur.

23 Vgl. das Inhaltsverzeichnis in Peter Assion: Von Hessen in die neue Welt. Eine Sozial- und Kulturgeschichte der hessischen Amerikaauswanderung mit Text- und Bilddokumenten. Frankfurt am Main 1987.

24 Peter J. Bräunlein/ Andrea Lauser: Grenzüberschreitungen, Identitäten. Zu einer Ethnologie der Migration in der Spätmoderne. In: kea 1997, H 10, S. I-XVIII, hier S. XII.

25 Vgl. Bernd Jürgen Warneken/ Andreas Wittel: Die neue Angst vor dem Feld. Ethnographisches research up am Beispiel der Unternehmensforschung. Zeitschrift für Volkskunde (ZsfVk), 1997, H 93, S. 1-16.

26 Andreas Ackermann: Ethnologische Migrationsforschung. Ein Überblick. In: kea 1997, H 10, S. 1-28, hier S. 21.

27 Bräunlein/ Lauser 1997, S. II.

28 Bönisch-Brednich Berlin 2002, S. 15.

29 Vgl. Homi K. Bhabha: The Location of Culture. London 1994. sowie die deutsche Übersetzung Homi K. Bhabha: Die Verortung der Kultur. Tübingen 2000.

30 Ackermann 1997, S. 20.

31 Vgl. George E. Marcus: Ethnography in/of the World System The Emergence of Multi-Sited Ethnography. In: Annual Review of Anthroplogy 1995, Bd. 24, S.95-117.

32 Arjun Appadurai: Globale ethnische Räume: Bemerkungen und Fragen zur Entwicklung einer transnationalen Anthropologie. In: Ulrich Beck (Hg.): Perspektiven der Weltgesellschaft. Frankfurt am Main 1998, S. 11-40, hier S. 11.

33 Ebd.

34 Ebd., S. 12.

35 Gisela Welz: Moving Targets: Feldforschung unter Mobilitätsdruck. In: Zeitschrift für Volkskunde (ZsfVk) 1998, H 94, S.177-194, hier S. 180.

36   James Clifford: Travelling Cultures. In: Lawrence Großberg u.a.: Cultural Studies. New York 1992. S. 96-116, hier S. 115.

37   Ebenda.

38   Rolf W. Brednich: Quellen und Methoden. In: ders. (Hg.): Grundriss der Volkskunde. Einführung in die Forschungsfelder der Europäischen Ethnologie. Berlin 1988, S. 77.

39   Vgl. Bernd Jürgen Warneken (Hg.): Bewegliche Habe. Zur Ethnografie der Migration. Tübingen 2003. Dieser Begleitband zur Ausstellung entstand in einem Projektseminar von Studierenden des Ludwig-Uhland-Instituts für Empirische Kulturwissenschaft an der Universität Tübingen unter Leitung von Prof. Dr. Bernd Jürgen Warneken zwischen April 2002 und Februar 2003.

40   Vgl. das Porträt von Rosa Nesterova, die sich in Kasachstan von ihrer Nähmaschine trennen musste, sich jedoch in Deutschland wieder eine Nähmaschine anschaffte, mit der sie nicht nur für ihre Familie, sondern auch für andere Kinderkleider und Bettwäsche nähte und dadurch gleichzeitig Kontakte zu Deutschen knüpfte.
      Tanja Schubert: Trennen und zusammennähen. In: Bernd Jürgen Warneken (Hg.): Bewegliche Habe. Zur Ethnografie der Migration. Tübingen 2003, S. 22-25.

41   Habermas Frankfurt/ Main 1999, S. 20.

42   Ebd., S. 241.

43   Ebd., S. 20.

44   Ebd., S. 16.

45   Warneken Tübingen 2003, S. 7.

46   Als wissenschaftliche Quellen wurden Forschungsliteratur, unveröffentlichte Studien und Oral History Projekte über Migration herangezogen.

47   Unter populäre Quellen fallen Zeitungsartikel, Fernsehreportagen und nicht-wissenschaftliche Auswandererliteratur.

48   Am 8.8.2005 wurde das Deutsche Auswandererhaus in Bremerhaven eröffnet, am 22.8.2005 besuchte ich es zu Recherchezwecken und um Anregungen für meine Studie zu finden.

49   'Job-Fair: Arbeiten und Leben in Australien und Neuseeland' veranstaltet von der Zentralstelle für Arbeitsvermittlung (ZVA) am 12.10.2005 in Potsdam.

50   Vgl. Rainer Schnell/ Paul B. Hill/ Elke Esser: Methoden der empirischen Sozialforschung. München, 1999.

51   Bis auf das Probeinterview, bei dem ich ein Gesprächsprotokoll anfertigte, wurden alle Interviews auf Kassette aufgenommen.

52   Das Interview galt lange Zeit als 'Königsweg' der Sozialwissenschaften (vgl. René König: Das Interview. Formen – Technik – Auswertung . 9. Aufl. Köln 1974. zit. nach Rolf W. Brednich (Hg.): Grundriss der Volkskunde. Einführung in die Forschungsfelder der Europäischen Ethnologie. 2. Aufl. Berlin 1994.) Barbara Friebertshäuser weist jedoch auf die Herausforderungen der Methode Interview hin, die durch die Nähe zum Alltagsgespräch gerne übersehen werden. Vgl. Barbara Friebertshäuser: Interviewtechniken – Ein Überblick. In: Dies. u.a. (Hg.): Handbuch Qualitative Forschungsmethoden in der Erziehungs-

wissenschaft. Weinheim 1997, S. 371-395.

53   Vgl. Roland Girtler: Methoden der Feldforschung. 4. Aufl. Wien 2001, S. 147-168.

54   Aus Gründen der Lesbarkeit wird im Folgenden der Begriff Interviewpartner für beide Geschlechter verwendet. Interview*partner* scheint mir zudem der zutreffende Begriff, weil er die angestrebte Egalität von
Interviewer und Interviewtem andeutet: „Der Gesprächspartner darf sich daher nicht in einer Position
des Unterlegenen, sondern eher in der des Partners oder des Experten sehen."
(*Girtler Wien 2001, S. 162.*)

55   Barbara Friebertshäuser: Feldforschung und teilnehmende Bobachtung. In: Dies. (Hg.): Handbuch Qualitative Forschungsmethoden in der Erziehungswissenschaft. Weinheim 1997, S. 503-534, hier S. 503.

56   Vgl. Girtler Wien 2001, S. 65-146.

57   Friebertshäuser Weinheim 1997, S. 505.

58   www.nz-village.com/immigration (Rev. 12.04.2006)

59   An dieser Stelle sei daran erinnert, dass Eisenberger noch im Jahr 1995 die Telefonbücher in Australien
und Neuseeland nach deutsch klingenden Nachnamen durchforstete, um ausgewanderte Deutsche aus-
findig zu machen. Welche Erleichterung bietet da doch ein Internetforum, das auch den Kontakt zu noch
nicht ausgewanderten Deutschen oder Deutschen mit englischen Nachnamen möglich macht.

60   Aufruf im Internetforum. Siehe Anhang 1.

61   Aus der Antwort auf meine Anfrage von einer zukünftigen Auswanderin. Email vom 21.08.2005.

62   Interview-Leitfaden für Neuseelandauswanderer in Deutschland. Siehe Anhang 2.

63   Der 27-jährige Werkzeugmacher ist vor zwei Jahren alleine mit einem Working-Holiday-Visum nach
Auckland gezogen, weil ihn Deutschland und vor allem seine Arbeitsstelle langweilten. Ich habe in
Auckland drei Tage bei ihm gewohnt und viel über seine Motivation und Bleibeabsicht erfahren. Er
genießt seine überschnittliche Bezahlung, die ihm ungeahnte Freiheiten beschert: Den Segelflugschein
z.B. hätte er in Deutschland wohl nicht machen können. Er selbst sieht sich nicht als Auswanderer und
ist überzeugt davon, dass er in ein paar Jahren wieder nach Europa gehen wird.

64   Habermas begründet diese Abwehrhaltung, wenn nach der Bedeutung persönlicher Dinge gefragt wird,
folgendermaßen: „[B]eobachtet sie [die Probanden] jemand oder erfährt etwas Intimes über sie via des
persönlichen Objekts, wäre dies beschämend." Habermas Frankfurt/ Main 1999, S. 162.

65   Packliste. Siehe Anhang 3.

66   Fragebogen zur Person. Siehe Anhang 4.

67   Im Dokumentarfilm hingegen stellt diese Methode ein beliebtes dramaturgisches Stilmittel dar. Vgl:
„Deutschland ade." Dokumentarfilm in sechs Folgen, ARTE/ SWR, Sendedaten (Erstausstrahlung bei
ARTE): 12.-16.9.2005, Regie: Arpad Bondy.

68   Vgl. Welz (ZsfVk) 1998, S. 177-194.

69   Interview-Leitfaden Wiederholungsinterview in Neuseeland. Siehe Anhang 5.

70   Interview-Leitfaden Erstinterview in Neuseeland. Siehe Anhang 6.

71   Reiseroute, Siehe Anhang 7.

72   Girtler Wien 2001, S. 27.

73   Die Einwohner von Neuseeland bezeichnen sich selbst gerne als 'Kiwis', was nicht etwa auf die gleichnamige Frucht, sondern vielmehr auf den flugunfähigen Vogel, das Nationalsymbol Neuseelands, zurückzuführen ist.

74   Girtler Wien 2001, S. 20.

75   In dem einem Fall kam durch das Schneeballsystem der Kontakt zu einem deutschen Paar zustande, in dem anderen Fall waren nur Name und Region bekannt gewesen, aber durch einen Anruf bei einer Club-Vorsitzenden, die die betreffende Familie kannte, konnte ein Treffen arrangiert werden.

76   Clifford New York 1992, S. 99.

77   „Eine wesentliche Kompetenz des Interviewers besteht darin, *Rollen zu verstehen* [Hervorhebungen im Original] und zu erfassen, ‚als wer‘ er selbst gesehen wird, ‚als wer‘ sein Gegenüber handelt und spricht." Harry Hermanns: Interviewen als Tätigkeit. In: Uwe Flick (Hg.): Qualitative Forschung. Ein Handbuch. 3. Auflage Hamburg 2004, S. 360-368, hier: S. 364.

78   Vgl. Warneken/ Wittel (ZsfVk) 1997, S. 1-16.

79   Girtler Wien 2001, S. 162.

80   Umgekehrt wurde von mir erwartet, dass ich ihnen den einen oder anderen Gefallen nicht abschlug. Beispielsweise wurde ich mehrfach gebeten, Weihnachtsgeschenke oder Medikamente nach Deutschland mitzunehmen und dort zuzustellen, weil dort das Porto billiger ist. Diesen Wünschen kam ich gerne nach, musste jedoch gegen Ende meines Aufenthaltes ablehnen, weil ich sonst mein Gepäcklimit überschritten hätte.

81   In Deutschland traf ich mich mit einem Auswandererpaar in einer Hotel-Lobby, weil sie ihren Haushalt schon aufgelöst hatten. Bei einem anderen Interview sah ich die Wohnung noch kurz vor der Schlüsselübergabe, aber das Interview fand in einem Café statt. In Neuseeland wollte ein Interviewpartner nicht, dass das Interview in seinem Haus stattfindet, damit seine Frau nach der Nachtschicht ungestört schlafen könne. Deshalb trafen wir uns in einem Café. In einem anderen Fall wohnte die Auswanderin so weit außerhalb, dass ihre Farm nicht mit öffentlichen Verkehrsmitteln zu erreichen war. Wir verabredeten uns deshalb in ihrer Mittagspause beim *Lunch* in einem Restaurant.

82   Russell H. Bernard: Reasearch Methods in Anthropology. Qualitative and Quantitative Approaches. Thousand Oaks 1994, S. 183.

83   Parteien erscheint mir der geeignete Ausdruck, da es sich bei den Interviewpartnern um Singles, Paare sowie Familien handelt. Eine so zusammengehörige Personengruppe wird im weiteren als eine Einheit beziehungsweise ein Interviewpartner behandelt.

84   Durch das Internetforum lernte ich die junge Frau kennen, die zwar kein Interesse an einem Interview hatte, aber sich gerne mit mir zwecks Erfahrungsaustausch treffen wollte. Ich lud sie in meine Tübinger Wohngemeinschaft zum Essen ein und erfuhr nebenbei, dass sie gerade ihr Studium abgeschlossen hatte und nun mit einem *Working-Holiday-Visum* beabsichtigte, in Neuseeland Fuß zu fassen, um dort *Permanent Residence* zu beantragen. Bei meinem Aufenthalt in Wellington besuchte ich sie in ihrer *student flat* (neuseel. Ausdruck für Wohngemeinschaft), der gewünschte Job war bei ihr jedoch noch nicht in Sicht.

85   Besagte Auswanderin, die als 30jährige 1957 mit einem der ersten Flugzeuge als ‚*Assisted Migrant*‘ kam,

kannte ich bereits von meinem letzten Aufenthalt in Neuseeland im Jahr 2003. Ich hatte die damals 80 Jahre alte Frau, die ich zu ihrer selbstpublizierten Autobiographie interviewte, als ausgesprochen gute Erzählerin erlebt und erhoffte mir von ihr die Bestätigung meiner These, dass die Auswanderer der 1950er Jahre deutlich weniger Gepäck als heutige Auswanderer hatten und folglich nur das Allerwichtigste mitnahmen. Diese These bestätigte sich jedoch nicht. Im Gegenteil war ihr Gepäck dem meiner anderen Interviewpartner erstaunlich ähnlich. Eine Passagierliste des Flugzeuges zeigte zudem, dass die Auswanderer bis zu 120 Kilo Gepäck mitbrachten und oft noch zusätzlich Kisten verschifften. Ein Vergleich der Vertreter unterschiedlicher Einwanderungsperioden ist nicht Thema dieser Studie, wenngleich sehr reizvoll. (Ich wertete das Interview nicht aus, sondern verwendete es nur als zusätzliches Hintergrundwissen.)

86 Übersicht Interviewmaterial. Siehe Anhang 8.

87 'Aotearoa' bedeutet in der Maori-Sprache 'Land der langen weißen Wolke' und bezeichnet die beiden Inseln, die auch als Neuseeland bekannt sind. Der Legende nach sind die Maori mit Kanus von Hawaikii gekommen, die Wolkenbildung war von der See aus das erste, was sie von ihrem neuen Land ausmachen konnten. Da Neuseeland neben der offiziellen Landessprache Englisch seit 1988 auch Maori als Gerichtssprache zulässt und die Bilingualität zunehmend mit zweisprachiger Beschilderung in öffentlichen Räumen vorantreibt, ist ,Aotearoa/ New Zealand' die korrekte und gebräuchliche Bezeichnung.

88 Der 'Treaty of Waitangi' - obwohl von zahlreichen Maori-Häuptlingen unterzeichnet - konnte die ,Land Wars' nicht verhindern, in denen die Maori ihre Ablehnung gegenüber den Kolonialherren und Siedlern auf blutige Weise demonstrierten, wenn er sie nicht gar provozierte. Auch heute noch spielt der ,Treaty of Waitangi' eine große Rolle in der neuseeländischen Politik. Maori fechten die Legitimation des Vertrages an, weil ungeklärt ist, ob die Übersetzung in die Maori-Sprache dem englischen Original entsprach und die Maori-Häuptlinge überhaupt wussten, was sie unterzeichneten. Maori-Aktivisten fordern eine eigene Maori-Souveränität. Diese Forderung wird jedoch von der Regierung unter Berufung auf den ,Treaty of Waitangi' zurückgewiesen. „Als Geste der Versöhnung für das während der Kolonialzeit begangene Unrecht wurde im November 1995 ein Gesetz unterzeichnet, das den Maoris eine Entschädigung (in Höhe von etwa 87 Mio. Euro) und die Rückgabe von 16.000 Hektar Land zusprach. Die Bemühungen von Regierungsseite werden von Maori-Aktivisten für unzureichend gehalten."
(*Vgl. Bundesverwaltungsamt - Informationsstelle für Auswanderer und Auslandstätige - (Hg.): Länderinformation Neuseeland. Köln 2006, S. 9.*)

89 Bönisch-Brednich Berlin 2002, S. 29.

90 Ebenda, S. 30.

91 Ebenda, S. 31f.

92 Ebenda, S. 39-74.

93 Ebenda, S. 76.

94 Ebenda, S. 92-120.

95 Der neuseeländische Staat war aus zweierlei Gründen an jungen Frauen interessiert: Erstens litt Neuseeland zu diesem Zeitpunkt an einem Männerüberschuss und zweitens wollte man der nationalsozi-

alistischen Unterwanderung der Gesellschaft vorbeugen. Lediglich in Handwerksberufen und in der Baubranche wurden Männer angeheuert.

96   Bönisch-Brednich Berlin 2002, S. 124.

97   BBB steht für Brigitte Bönisch-Brednich und wird bei Bedarf abgekürzt.

98   T.S.M. steht für Tanja Schubert-McArthur und wird im folgenden als Abkürzung verwendet.

99   Bönisch-Brednich Berlin 2002, S. 145-183.

100   Vgl. Annette Buhns/ Merlind Theile: „So weit wie möglich nach Westen". Der Spiegel 2006, H. 17, S. 48-52.

101   Bönisch-Brednich Berlin 2002, S. 146.

102   Zwischen 1944 und 1964 sind insgesamt 2269 Deutsche eingewandert, gegenüber 2678 im Zeitraum von 1982 bis 1991. Das entspricht im ersten Zeitraum einer durchschnittlichen Quote von 113 deutschen Einwanderern pro Jahr, die sich in den 1980er Jahren auf 267 pro Jahr mehr als verdoppelte.

103   Bönisch-Brednich Berlin 2002, S. 146.

104   Ebenda, S. 187.

105   Damit sind nicht nur Rentner gemeint, sondern auch Deutsche, die sich in der Lebensmitte die Rente auszahlen lassen und ihren vorgezogenen Ruhestand in Neuseeland verbringen.

106   Für die ‚*Young Urban Migrants*' schrumpft die Migration zu einem ‚Umzug' zusammen, dem durchaus weitere Umzüge folgen können. Durch international tätige Firmen ist ein schneller, häufiger Ortswechsel möglich und oft erforderlich. Die Rückkehr nach Europa ist bei der Lebensabschnittsmigration jederzeit möglich.

107   Bönisch-Brednich Berlin 2002, S. 208-211.
Die Teilzeitmigranten sind jedoch Randerscheinungen. Es überwiegen weiterhin die ‚klassischen' Auswanderer, wie es mein Sample gezeigt hat, auch wenn sie bezüglich Rückkehr und Weiterwanderung heute sehr viel flexibler geworden sind.

108   Marbacher Zeitung: „In der Fremde winkt die Karriere" Marbacher Zeitung vom 18.2.2006, S. 13.

109   „Auswanderer in Neuseeland – Glücklich auf der Insel" Süddeutsche Zeitung vom 03.09.2004. WWW. sueddeutsche.de/wirtschaft/artikel/588/38550/ (Rev. 05.04.2006).

110   „Deutschland ade." Dokumentarfilm in sechs Folgen, ARTE/ SWR, Sendedaten (Erstausstrahlung bei ARTE): 12.-16.9.2005, Regie: Arpad Bondy.

111   Website des Statistischen Bundesamtes http://www.destatis.de/basis/d/bevoe/bev_bsp_t3.php (Rev. 12.4.2006)

112   Die Arbeitslosenquote betrug im Jahr 2003 4,9 %, sinkt aber stetig, so dass 2004 4,2 % der Bevölkerung ohne Arbeit waren, im März 2005 sogar nur 3,9 %.
Vgl. Bundesverwaltungsamt 2006, S. 24.
Im Wechsel mit Südkorea führt Neuseeland deshalb seit Jahren das Ranking der OECD-Länder mit der niedrigsten Arbeitslosigkeit an. Vgl. Hahn (Hg.) Blankenburg 2006, S. 20.

113   Die erste Veranstaltung dieser Art fand am 10.10.2005 in Bonn statt, die zweite Job Expo war am 12.10.2005 in Potsdam. Die Veranstalter und Aussteller waren bei beiden Expos die gleichen.

114 Es war jedoch offensichtlich, dass die Wenigsten ernste Auswanderungsabsichten verfolgten, dazu waren die Sprachkenntnisse und das Wissen über Neuseeland zu gering, wie sich auf Nachfrage des neuseeländischen Referenten herausstellte: Er bat die etwa 100 Zuhörer per Handzeichen zu signalisieren, dass sie ihm sprachlich folgen konnten, nur circa 30 Personen waren in der Lage seinen englischen Vortrag zu verstehen. Im Gespräch mit einigen Messebesuchern bestätigte sich dieser Eindruck; man war „zum Gucken" gekommen und hatte nur sehr vage Vorstellungen von ‚Down under'. Interessant war jedoch, dass sich die Massen um den ‚Neuseeland'-Stand drängten, wohingegen ‚Australien' weniger frequentiert wurde.

115 Interview mit Christina Busch am 13.10.2005, S. 1.

116 Ebenda.

117 Ebenda.

118 Statistische Angaben des Raphaels-Werk, die mir Christina Busch in ihrem Brief vom 17.5.2006 mitteilte.

119 Diese Angabe machte Peter Hahn in seiner E-Mail vom 19.5.2006.

120 Hahn (Hg.) Blankenburg 2006, S. 9.

121 In Neuseeland besteht keine Meldepflicht beim Einwohnermeldeamt, folglich ist auch die Abmeldung in Deutschland nicht zwingend erforderlich, wie Peter Hahn in einer E-Mail vom 19.5.2006 berichtet: *„Ich habe z.B. nie gegenüber dem deutschen Staat erklärt, dass ich ausgewandert bin. Sollte ich aber nach Deutschland zurückgehen, müsste ich mich anmelden, so dass ich auf jeden Fall als Rückkehrer aufgeführt worden wäre, ohne jemals als Auswanderer aufgefallen zu sein... Hier hat die Bürokratie der Statistik ein Bein gestellt!"*

122 Vgl. Bönisch-Brednich Berlin 2002, S. 34.
Bönisch-Brednich bezeichnet die neuseeländischen Statistiken als „besser nutzbar", weil sie die Einwanderer nach *„Aliens"* und „Deutschen" differenziert darstellen. „Da jedoch seit 1975 keine neuseeländischen Angaben zur ausschließlich deutschen Einwanderung mehr vorliegen", habe ich mich auf die Angaben in den Statistischen Jahrbüchern der Bundesrepublik Deutschland und Expertenmeinungen gestützt.

123 Bundesverwaltungsamt (Hg.) Köln 2006, S. 9.

124 Da die Statistischen Jahrbücher des Statistischen Bundesamts immer mit zweijähriger Verzögerung erscheinen, weist die aktuelle Ausgabe von 2005 die Statistiken des Jahres 2003 auf. Die Angaben für das Jahr 2005 liegen bedauerlicherweise noch nicht vor.

125 Neuseeland wurde erst am 25. November 1947 vollständig unabhängig von England.

126 Es handelte sich dabei um die vertragliche Regelung, holländische Kolonisten aus deren verlorener Kolonie Java aufzunehmen, weil man sich als nächster Kolonialnachbar im Pazifik dazu verpflichtet fühlte.
Vgl. Bönisch-Brednich Berlin 2002, S. 78.

127 Ebenda.

128 Ebenda, S. 123.

129 Eine gute Zusammenfassung der Einreisebestimmungen findet sich in

Hahn (Hg.) Blankenburg 2006, S. 27-80. Außerdem ist das Internetportal der neuseeländischen Einwanderungsbehörde zu empfehlen: www.immigration.govt.nz (Rev. 16.6.2006)

130 Je höher das Alter, desto weniger Punkte gibt es auf der Skala. Ohne die Alterspunkte ist es jedoch fast unmöglich, trotz sehr guter Qualifikationen auf die erforderliche Punktzahl zu kommen.

131 Bundesverwaltungsamt Köln 2006, S. 17.

132 Zitate aus den Interviews, die mehr als drei Zeilen umfassen, werden eingerückt dargestellt und mit Quellenverweis auf das jeweilige Interview sowie die Seitenzahl im dazugehörigen Transkript versehen. In kürzeren Zitaten wird nur dann eine Fußnote verwendet, wenn es bei den Vorher-Nachher-Interviews mit denselben Interviewpartnern nötig ist, das betreffende Interview kenntlich zu machen.

133 Die Interviews wurden anonymisiert. Damit der Leser dennoch einen vollständigen Namen mit den beschriebenen Personen und ihren Aussagen verbinden kann, habe ich ihnen frei erfundene Pseudonyme gegeben.

134 Die Bedeutung des 30sten Geburtstags als Altersschwelle hat Christian Marchetti in seiner Magisterarbeit untersucht. Vgl. Christian Marchetti: 30 Werden. Erkundungen an einer Altersschwelle. Tübingen 2005. Marchettis These, dass die 30 eine magische Zahl sei, wird im Interview mit Helmut Pfefferle bestätigt.

> Helmut: *„Ja, es ging ja, also ich bin jetzt viereinhalb Jahre in dem gleichen Ingenieurbüro tätig gewesen und bin gleichzeitig noch dreißig worden (Gelächter)"*
>
> T.S.M.: *„Schwerer Einschnitt (Gelächter)"*
>
> Helmut: *„Ja, also ich sehs ja schon n bissle so, dass des so n gwisses Alter ist, wo mer sich jetzt einfach noch mal n bissle was beweisen möchte auch oder so, ich war jetzt grad in dem Job, eigentlich schon erfolgreich, ich hab da eigentlich auch ne gute Position gehabt und es hat mir auch super Spaß gmacht, und des is jetzt au so n bissle des weinende Auge, dass man des aufgibt, des Betriebsklima hat halt super basst. Aber, einfach so, jetzt is einfach malZeit was Neues zu entdecken."*

135 Interview I mit Helmut Pfefferle und Vanessa Beutler, S. 3.

136 Ebenda, S. 2.

137 Interview I mit Lars und Justyna Seidel, S. 9.

138 Ebenda, S. 9.

139 In der Zwischenzeit scheint sich Britta umentschieden zu haben, denn im Internetforum berichtet sie weiterhin aus Neuseeland und ist unter dem Wohnort Auckland angemeldet.

140 Einige Freunde konnte ich auf einer Pizza-Party, die Jutta und ihr Mann in ihrem Haus ausrichteten, als ich dort war, kennenlernen. Darunter waren hauptsächlich Neuseeländer, aber auch ein gemischtes Paar, bei dem der Mann Deutscher und die Frau Neuseeländerin ist.

141 Interview mit Sandra Buck, S. 2.

142 Interview mit Nicole Greve, S. 2.

143 Ebenda, S. 4.

144 Die Zitate stammen alle aus einer E-Mail von Claudia Ballhaus vom 2.09.2005.

145 Siehe oben.

146 Interview mit Cornelia Meyer, S. 30.

147 Ebenda, S. 19.

148 Im Mai 2006 haben Cornelia und Torsten endlich die langersehnte Aufenthaltsgenehmigung erhalten, wie ich im Internetforum vernahm.

149 Interview mit Frauke Lindemann, S. 2.

150 Vgl. Ulrich Beck/ Elisabeth Beck-Gernsheim: Nicht Autonomie, sondern Bastelbiographie. Zeitschrift für Soziologie Jg. 22 Heft 3 (1993) 178-187.

151 Interview I Lars und Justyna Seidel, S. 13.

152 Ebenda, S. 16.

153 Neuseeland gilt als attraktives, weil exotisches Ziel für Studierende. Die neuseeländischen Universitäten genießen weltweit einen ausgezeichneten Ruf und locken mit exzellenter Ausstattung, guten Betreuungsverhältnissen und vielfältigen Freizeitangeboten. In jüngster Zeit unterstützt das Ranke-Heinemann-Institut deutsche Studierende bei der Organisation ihres Studienaufenthaltes in Neuseeland. Für die neuseeländischen Universitäten sind die internationalen Studierenden willkommene Gäste, zahlen sie doch den doppelten Studiengebührensatz der neusseeländischen Studierenden und finanzieren so die Universitäten zu einem nicht geringen Teil mit. Für deutsche Studierende im Hauptstudium ist Neuseeland vor allem deshalb attraktiv, weil sie aufgrund eines Abkommens zwischen der neuseeländischen Regierung und der Bundesrepublik Deutschland nur die Studiengebühren für Einheimische bezahlen müssen.

154 Nicht selten lernt man während des Studienaufenthaltes auch den Partner kennen, so dass neuseeländisch/ deutsche, deutsch/ deutsche oder nicht-neuseeländisch/ deutsche Beziehungen entstehen. Die Partnerwahl zieht öfter die Wahl Neuseelands zum Lebensmittelpunkt nach sich.

155 In den letzten Jahren haben die Angebote für einen Schüleraustausch oder ein Schuljahr in Neuseeland stark zugenommen. Neben den von den Oberschulämtern organisierten Austauschen gibt es einige kommerzielle Anbieter, die mit dem Bild von Schülern in Schuluniformen vor Efeu bewachsenen Backsteingebäuden werben.

Eine Auswandererfamilie, die ich in Nelson interviewte war auch tatsächlich durch ihren Sohn, der mit 17 Jahren ein Schuljahr in Auckland verbrachte und selbst Auswanderungsträume hegte, erst auf die Idee gekommen nach Neuseeland auszuwandern.

156 Der Begriff 'auswandern' wird von den Interviewpartnern oft deshalb mit dem Zusatz 'auf Probe' oder 'auf Zeit' verwendet beziehungsweise vorsichtig ausgesprochen, weil man sich selbst seiner Sache noch nicht sicher ist. Um den Schritt der Emigration seiner Endgültigkeit und Unumkehrbarkeit zu berauben, spricht man vom ‚Umzug nach Neuseeland‘, der die Möglichkeit weiterer Umzüge oder der Rückkehr impliziert. Für die Migranten und deren Familien ist das Weggehen durch den Euphemismus des ‚Umzuges‘ leichter zu verkraften.

Dem Einwanderungsberater Peter Hahn scheint dieses Modell der Auswanderung aus der Praxis so geläufig zu sein, dass er ihm einen eigenen Absatz in seinem Buch widmet.

Vgl. ‚Einwanderung auf Probe‘. In: Hahn (Hg.) Blankenburg 2006, S. 97.

157 Interview mit Cornelia Meyer, S. 1.

158 Interview I mit Lars und Justyna Seidel, S. 3.

159 Bönisch-Brednich Berlin 2002, S. 273f.

Diese These bestätigt sich in den Interviews immer dann, wenn der Ländervergleich als Erzähltechnik gebraucht wird. Vgl. Bönisch-Brednich Berlin 2002, S. 272-311.

160 Interview I mit Britta Rösner und Ulrich Hendriksen, S. 15.

161 Interview mit Daniel Trust, S. 19.

162 Peter Hahn (Hg.) Blankenburg 2006, S. 107.

163 Ebenda, S. 105.

164 Antonio E. Elster: Neuseeland – Handbuch für Auswanderer. Stuttgart 1997, S. 47.

165 Ebenda.

166 Ebenda, S. 48.

167 Ebenda.

168 „Deutschland ade." Dokumentarfilm in sechs Folgen, ARTE/ SWR, Sendedaten (Erstausstrahlung bei ARTE): 12.-16.9.2005, Regie: Arpad Bondy.

169 Interview I mit Britta Rösner und Ulrich Hendriksen, S. 11.

170 In meinen Interviews wurde ich immer wieder darüber informiert, dass das Buch von „der BBB" [gemeint ist Brigitte Bönisch-Brednichs „Auswandern – Destination Neuseeland"] sehr lehrreich für die zukünftigen Auswanderer gewesen sei. Durch die Lektüre hofften sie die interkulturellen Fettnäpfchen zu umschiffen, wie etwa die Schmach, beim *Bring a Plate* mit einem leeren Teller zu erscheinen. Ferner half es ihnen, sich auf die unumgänglichen kulturellen Mißverständnisse einzustellen. Obwohl es sich beileibe nicht um einen Auswanderungsratgeber handelt, scheint die ethnographische Studie durch die Wiedergabe und Deutung subjektiver Auswanderer-Erfahrungen von unschätzbarem Wert für die Auswanderungswilligen zu sein. Ich fand kaum ein Bücherregal meiner Interviewpartner in Deutschland oder Neuseeland, in dem nicht „Auswandern – Destination Neuseeland" stand. Auch diejenigen Auswanderer, die die Übersiedlung beim Erscheinungsdatum bereits vollzogen hatten, lasen das Buch gerne, um ihre Entscheidung zu reflektieren und sich selbst in die beschriebenen Gruppen einzuordnen. Man bestätigte mir gegenüber, dass man selbst demselben Missverständnis aufgesessen sei oder verifizierte eigene Erlebnisse durch die Beispiele im Buch.

Manchmal lag jedoch auch der Verdacht nahe, dass die dort gelesenen Erlebnisse in das eigene Erzählrepertoire aufgenommen wurden, und nun so erzählt und abgewandelt werden, als seien sie einem selbst oder „einem Bekannten von einem Bekannten – genauso – " passiert. So entstehen *Urban Legends*. Vgl. u.a. Rolf W. Brednich: Die Spinne in der Yucca-Palme. Sagenhafte Geschichten von heute. München 1990.

Ferner wurden folgende Ratgeber erwähnt: Joy Muirhead: How to live and work in New Zealand. Oxford 1993., und Joy Muirhead: Living and Working in New Zealand: How to Build a New Life in New Zealand. Oxford 2003.

171 Interview I mit Britta Rösner und Ulrich Hendriksen, S. 15.

172 Der Ielts-Test (*International English Testing System vom British-Council*) ist neben dem Toefl-Test (*Test of English as a Foreign Language*) der geläufigste Englischtest, der als Voraussetzung für ein mehrjähriges

Visum abgelegt werden muss.

173 Interview I mit Britta Rösner und Ulrich Hendriksen, S. 14.

174 Interview mit einer Auswanderin, die mit ihrer Familie in einem alleinstehenden *Lifestyle-Block* wohnt, am 10.12.2005.

175 Interview I mit Lars und Justyna Seidel, S. 4

176 Interview I mit Britta Rösner und Ulrich Hendriksen, S. 10.

177 Ebenda, S. 17.

178 Vgl. Heiner Keupp u.a.: Identitätskonstruktionen. Das Patchwork der Identitäten in der Spätmoderne. Hamburg 1999.

179 Vgl. Das Kapitel „Überpersönliche Entscheidungshilfen" in: Bönisch-Brednich Berlin 2002, S. 382-387.

180 Interview mit Cornelia Meyer, S. 39.

181 Ebenda.

182 Diese Aussage bezieht sich auf die Auswanderung aus hochindustrialisierten Ländern. Für viele Auswanderer und Flüchtlinge aus Entwicklungsländern ist diese Praxis leider noch heute Realität.

183 Diese Informationen verdanke ich dem Archiv des Otago Settlers Museum in Dunedin in Neuseeland, das auch eine sehr interessante Ausstellungssektion zum Gepäck von schottischen Auswanderern beherbergt.

184 Lydia Wevers: Travelling New Zeland. An Oxford Anthology. Auckland/ Oxford 2000, S. 2.

185 Interview I Lars und Justyna Seidel, S. 23.

186 Peter Hahn führt noch die so genannten *High-Cube-Container* auf, die wahlweise 76m³ oder 86m³ fassen. Da aber kein Proband meines Samples von dieser Variante Gebrauch machte, möchte ich hier nicht weiter darauf eingehen.
Vgl. Hahn (Hg.) Blankenburg 2006, S. 110f.

187 40-Fuß-Container: 9975 Euro, Angebot der Firma Crown Relocation http://www.crownrelo.com (Rev. 15.6.2006)
20-Fuß-Container: 2699 Euro, Angebot der Firma Brauns international
http://www.brauns-international.de (rev. 15.6.2006)

188 Seit 1.3.2006 liegt das Maximalgewicht bei Flugrouten über die USA bei zwei Gepäckstücken mit jeweils 23 kg. Damit stehen heutigen Auswanderern 18 kg weniger zur Verfügung als ihren Vorgängern. Von dieser Regelung war jedoch keiner der Interviewpartner betroffen.

189 Viele Auswanderer buchen aufgrund der geringeren Gepäckbeschränkung absichtlich Flüge über die USA.

190 www.customs.govt.nz (Rev. 15.6.2006)

191 Interview mit Jutta Kaiser-McKenzie, S. 9.

192 Ulrike Neubauer berichtete im Interview von solch einer „Das-muss-mit-Liste".

193 Wie zuvor beschrieben, mussten die Meyers ihre Aufenthaltsgenehmigungen verfallen lassen, weil sie ihre Häuser nicht rechtzeitig verkaufen konnten, um das nötige Kapital vorweisen zu können. Auch später zwang der Immobilienbesitz in Deutschland sie immer wieder zwischen den Ländern zu pendeln

und sich um die Renovierungen, die Mieter oder potentielle Kaufinteressenten zu kümmern.

194 Interview I mit Lars und Justyna Seidel, S. 42.

195 Vgl. Marcel Mauss: Die Gabe. Form und Funktion des Austauschs in archaischen Gesellschaften. Frankfurt/ M. 1968 (Französisch zuerst 1925).

196 Vgl. Nina Hofmann: Die Hochzeit als Aktionsraum. Schenken und Unterstützen im Spiegel persönlicher Beziehungen. Eine empirische Fallstudie (maschinenschriftliche Magisterarbeit). Tübingen 2004.

197 Interview mit Jutta Kaiser-McKenzie, S. 24.

198 Habermas Frankfurt/ Main 1999, S. 318

199 Interview I Britta Rösner und Ulrich Hendriksen, S. 51.

200 Interview I Lars und Justyna Seidel, S. 35.

201 Ebenda, S. 42.

202 Dieses Beispiel nannte mir Thomas Peters im Interview.

203 Interview I mit Britta Rösner und Ulrich Hendriksen, S. 52.

204 Interview I mit Lars und Justyna Seidel, S. 40.

205 Interview mit Lars und Justyna Seidel, S. 26.

206 Ebenda, S. 27.

207 Interview I mit Britta Rösner und Ulrich Henriksen, S. 19.

208 Interview II mit Helmut Pfefferle und Vanessa Beutler, S. 26.

209 Ebenda, S. 27.

210 Interview mit Claudia Ballhaus, S. 8.

211 Habermas Frankfurt/ Main 1999, S. 314.

212 Der Übergang der Emigration fordert förmlich ein Übergangsritual, das mit dem Feiern einer Abschiedsparty im großen Kreis auch begangen wird. Dabei sind die Parallelen zum Hochzeitsfest verblüffend: Meist steht das Auswandererpaar im Mittelpunkt und wird mit allerlei symbolischen Geschenken überhäuft außerdem wird „groß" eingeladen. Zum Kreis der eingeladenen Gäste zählen neben der engeren Familie die Verwandten, Freunde, Kollegen und Bekannte. Zwar herrscht eher ungezwungene Stimmung vergleichbar mit der eines Polterabends, aber über allem schwebt das ernste Moment des Übergangs in ein fernes Land. Das Abschiednehmen und die kollektive Trauer werden durch ein gemeinsames Fest ritualisiert und damit kompensiert. Deshalb hat Thomas Peters leicht ironisierend seine Abschiedsfeier auch „wake" genannt, was auf englisch „Leichenschmaus" heißt: *„Und das wurde in Irland eben bei den Auswanderern auch gemacht, weil die, die warn ja wie tot. Die warn ja weg und man sah die eventuell, mit großer Wahrscheinlichkeit, nie wieder."* (Interview mit Thomas Peters, S. 5)

213 Interview II mit Helmut Pfefferle und Vanessa Beutler, S. 7.

214 Habermas Frankfurt/ Main 1999, S. 305-308.

215 Vgl. Habermas.

216 Interview II mit Helmut Pfefferle und Vanessa Beutler, S. 7.

217 Habermas Frankfurt/ Main 1999, S. 309.

218 Habermas schlägt für den von Kuntz eingeführten Begriff der ‚Rite-de-Passage-Objekte' die Bezeich-

nung ‚Übergangssouvenirs' vor, den ich hier übernehme.
Vgl. Habermas Frankfurt/ Main 1999, S. 299.

219 Ebenda, S. 299.

220 Interview mit Jutta Kaiser-McKenzie, S. 18f.

221 Ebenda, S. 17.

222 Ebenda.

223 Habermas Frankfurt/ Main 1999, S. 44.

224 Ebenda, S. 166.

225 Interview mit Jutta Kaiser-McKenzie, S. 41.

226 Die ehemalige britische Kolonie Neuseeland hat den Linksverkehr.

227 Interview mit Sandra Buck, S. 15.

228 Habermas Frankfurt/ Main 1999, S. 165. Diese These stützt sich auf die Studien von Bronfenbrenner, 1979; Bourestone und Tars, 1974; Wapner und Kollegen, 1981; McCracken 1987; Toyama 1981.

229 Vgl. Ebenda, S. 317.

230 Interview I mit Lars und Justyna Seidel, S. 33.

231 Die neuseeländischen Betten bestehen aus relativ weichen Matratzen, einer dünnen, aber überdimensionalen Polyesterdecke und einem länglichen Kopfkissen. Grundsätzlich haben auch Ehepartner nur eine Bettdecke, die sie sich teilen. Das Bett ist nach neuseeländischer Art ‚gemacht', wenn die Bettdecke sorgfältig auf ein Laken gelegt wurde und beides zwischen Matratze und Rahmen gestopft wurde. Dies entspricht in etwa der französischen Auffassung eines bequemen Bettes.

232 Da die Größen von Matratzen und Bettdecken in Neuseeland stark von den deutschen Maßen abweichen, passt die in Neuseeland gekaufte Bettwäsche dann nicht auf die deutsche Bettdecke. Weshalb die Auswanderer entweder ihre passende Bettwäsche mitbringen oder sie sich später nachschicken lassen.

233 Daniel Trust war der einzige Interviewpartner, der berichtete, er habe bei seinem Auslandsstudium in Neuseeland kein einziges Foto mitgenommen, hat aber mittlerweile seine Einstellung zu Fotos geändert.

Daniel: *„Aber ich war irgendwie sowieso nie so n Fotomensch. – Ich hatte früher eigentlich eher Probleme damit, mir Fotos anzugucken auch. Ich hab immer gedacht: Das war schön und das war schön, und jetzt is alles anders, und das kommt nie wieder."*

T.S.M.: *„Ah." (lacht)*

Daniel: *„Ja, merkwürdig. Aber das hat sich – auch über die Jahre geändert. Also heute - - mach ich hunderte von Fotos, egal wo ich bin."*

T.S.M.: *„Hm."*

Daniel: *„Und guck mir das auch gerne an. Ne gute Erinnerung. Also die Einstellung hat sich total verändert. Also deswegen – Fotos waren damals überhaupt gar nich angesagt."*

Interview mit Daniel Trust, S. 10.

234 Interview mit Tina und Andreas Graf, S. 36.

235 Interview mit Jutta Kaiser-McKenzie, S.4f.

236 Ebenda, S. 5.

237 Vgl. Langbein Köln und Weimar 2002, S. 124-128; 165-168.

238 Interview mit Jutta Kaiser-McKenzie, S. 25f.

239 Langbein Köln und Weimar 2002, S. 11.

240 Vgl. Ebenda, S. 17.

241 Martine Segalen: Die Tradierung des Familiengedächtnisses in den heutigen französischen Mittelschichten. In: Lüscher/ Schultheis (Hg.): Generationenbeziehungen in „postmodernen" Gesellschaften. Analysen zum Verhältnis von Individuum, Familie, Staat und Gesellschaft. Konstanz 1993, S. 157-169, hier: 164. Zit. nach Langbein 2002, S. 31.

242 Marcel Mauss : Die Gabe. Form und Funktion des Austauschs in archaischen Gesellschaften. Frankfurt/ M. 1994, S. 33.

243 Interview mit Sandra Buck, S. 12f.

244 Habermas Frankfurt/ Main 1999, S. 303-305.

245 Ebenda.

246 Die *Verandah* wird in Neuseeland aufgrund des milden Klimas vielfältig genutzt. Dort finden die *Barbeques* mit Freunden statt, dort hält man sich, sofern die Witterung es zulässt, am meisten auf und dort sitzt man gerne mit seinen Gästen. Die Veranda übernimmt also in Neuseeland die Funktion des deutschen Wohnzimmers, das gleichermaßen als privater und repräsentativer Raum genutzt wird.

247 Interview mit Tina und Andreas Graf, S. 21.

248 Ebenda, S. 290.

249 Interview I Lars und Justyna Seidel, S. 34.

250 Interview mit Ulrike Neubauer, S. 11.

251 Interview mit Sandra Buck, S. 33.

252 Habermas Frankfurt/ Main 1999, S. 163.

253 Ebenda.

254 Ebenda, S. 244.

255 Aus einer E-Mail von Claudia Ballhaus vom 2.09.2005.

256 Interview mit Claudia Ballhaus, S. 4.

257 Ebenda, S. 7.

258 Ebenda, S. 11.

259 Interview mit Jutta Kaiser-McKenzie, S. 5.

260 Ebenda, S. 6.

261 Das deutsche Reinheitsgebot etwa, nach dem die deutschen Brauereien auch heute noch ihr Bier brauen, geht auf einen Erlass von Herzog Wilhelm IV im Jahre 1516 zurück. Es ist „längst Inbegriff für die Qualität deutscher Biere" und „Vorbild für andere Getränke."
www.brauer-bund.de/presse/pressetexte.php?id=444 (Rev. 4.6.2006).

262 Der Werbeslogan von Ariel präsentiert durch die Werbefigur Klementine, wurde 1968 zum ersten Mal im deutschen Fernsehen ausgestrahlt.

263 Neuseeländische Häuser verfügen selten über einen Keller, weshalb der klassische Waschkeller bezie-

hungsweise die Waschküche an anderen Stellen untergebracht werden muss. Die *Laundry* befindet sich z. B. In der Garage, im Schuppen oder in einem separaten Raum im Haus. Bei den deutschen Auswanderern befand sich die Waschmaschine auffallend häufig im Hausflur, in der Küche oder im Badezimmer, wobei ich vermute, dass diese Orte nicht aus rein praktikablen, sondern auch aus repräsentativen Gründen gewählt wurden.

264 Bönisch-Brednich Berlin 2002, S. 314.

265 Ebenda.

266 Vgl. Ebenda, S. 315-321.

267 Ebenda, S. 334.

268 Konrad Köstlin: Heimat geht durch den Magen. Oder: Das Maultaschensyndrom – Soul-Food in der Moderne. In: Beiträge zur Volkskunde in Baden-Württemberg 4 (1991), S. 147-164.

269 Roland Barthes: Für eine Psycho-Soziologie der zeitgenössischen Ernährung. In: Freiburger Universitätsblätter 75 (1982), S. 65-73, hier: S. 73.

270 Vgl. Ulrich Tolksdorf: Essen und Trinken in alter und neuer Heimat. Zur Frage des Geschmacks-Konservatismus. In: Jahrbuch für ostdeutsche Volkskunde 21 (1978), S. 341-364.

271 Thomas Peters bringt bei jedem Besuch in seiner Heimatstadt Bremen ein Andenken mit, z.B. eine Kapitänsmütze, einen Roland oder Hachez-Schokolade.

272 Leider kamen in Neuseeland nur Krümel an, denn die Plätzchen waren auf dem Transport zerbrochen. Angesichts der Portokosten bei Eilpost von etwa 50 Euro waren die „Gutsle" sicherlich die teuersten Plätzchen Neuseelands.

273 Die Metaphern Mutterkuchen und Nabelschnur für das sonntägliche Kuchenverspeisen beziehungsweise die Bindung, die die Mutter durch das Ritual zu ihren Kindern aufrechterhält, stammen von Bernd Jürgen Warneken. Geäußert wurden sie in einer Seminarsitzung am LUI im Jahr 2002, als eine Doktorandin ihr Dissertationsthema zur Bedeutung des Kuchens vorstellte.

274 Interview mit Jutta Kaiser-McKenzie, S. 25.

275 Interview mit Sandra Buck, S. 21.

276 Interview mit Daniel Trust, S. 3.

277 Interview mit Sandra Buck, S. 19.

278 Zu ähnlichen Ergebnissen kam Martina Burkhardt-Kaipf in ihrer Magisterarbeit.
Vgl. Martina Burkhardt-Kaipf: „Da hat's die Weihnachtskerzen umgebogen, bei der Hitze!" Eine Studie zur Akkulturation deutscher Auswanderer in Australien. (maschinenschriftliche Magisterarbeit) Tübingen 1989.

279 Interview II Britta Rösner und Ulrich Hendriksen, S. 40.

Maori und Gesellschaft

Wissenschaftliche und literarische Essays

Reihe: Kultur & Wissenschaft

132 Seiten, einige SW-Abb.
Broschur, 14,8 x 21 cm
Euro (D): 16,80
ISBN: 978-3-934031-61-6

"Ich bin ein Maori und stamme von den Menschen ab, die die Inseln Aotearoas vor mehr als tausend Jahren besiedelten."

So beginnen Gedanken über die lange Geschichte der Maori. Essays renommierter Wissenschaftler und Schriftsteller (Maori und Weiße) beleuchten wichtige Marksteine auf dem Weg zu einer Rückbesinnung auf diese Vergangenheit und zu einem neuen kulturellen Selbstbewusstsein der Maori, das zu einem zunehmenden Streben nach Autonomie geführt hat. Die Autoren fordern eine Auseinandersetzung mit der Kolonisationsgeschichte und den Problemen einer multiethnischen Gesellschaft wie sie in den letzten Jahrzehnten durch die Zuwanderung verschiedenster Volksgruppen nach Neuseeland entstanden ist.

Die Autoren:
Heretaunga Pat Baker, Alan Duff, Sam Edwards, Bryan Gilling, Patricia Grace, Richard Hill, Paul Meredith, Buddy Mikaere, Michaela Moura-Kocoglu, Vincent O´Malley

"Ein wichtiges Buch" (Literaturnachrichten)

Neuseeland macht Spaß

Eine kommentierte Anthologie
neuseeländischen Humors in Wort & Bild

Reihe: Kultur & Wissenschaft

196 Seiten, 26 Cartoons
Broschur, 14,5 x 21 cm
Euro (D): 17,80
ISBN: 978-3-934031-02-9

„Die Spinne in der Yucca-Palme" auf neuseeländisch...

Neuseeländer werden von den meisten Besuchern ihres Landes als aufgeschlossen und gastfreundlich beschrieben. Dass die Kiwis auch einen ausgeprägten Sinn für Humor besitzen, beweist dieses Buch. Der Autor hat nicht nur die neuseeländische Literatur durchforstet, er hat bei vielen Gelegenheiten aus der mündlichen Überlieferung humoristische Erzählungen und Comics zusammengetragen. Durch sachkundige Kommentare gelingt es, eine Art Kulturgeschichte des Landes zu präsentieren - auf eine Art, die Spaß macht!

Der Autor:
Rolf Wilhelm Brednich ist Professor emeritus für Volkskunde/Europäische Ethnologie der Universität Göttingen. Mit Büchern moderner Sagen wie "Die Spinne in der Yucca-Palme" und "Die Maus im Jumbo-Jet" war er in Deutschland bereits sehr erfolgreich. Er lebt seit mehreren Jahren in Neuseeland. Als Visiting Professor of Anthropology verbrachte er einige Zeit an der Victoria University in Wellington/Neuseeland, in dieser Zeit entstand auch sein neuestes Buch "Neuseeland macht Spaß"

"Ein Reiseführer zu den Menschen."